新知识经济时代下的能源经济发展研究

刘淑香 著

北京邮电大学出版社
www.buptpress.com

内 容 简 介

本书共分6章，第1章介绍了能源市场与能源价格；第2章介绍了电力市场与电力价格；第3章介绍了核能、风能、太阳能、生物质能；第4章介绍了能源消耗与经济增长关系；第5章介绍了能源开发与环境问题；第6章对内蒙古能源经济发展方式转变的路径以及相配套的政策做了深入探讨。

本书内容通俗易懂，层次清晰，深入浅出，简洁明了。本书可供学习和研究能源经济学的相关人士参考阅读。

图书在版编目(CIP)数据

新知识经济时代下的能源经济发展研究 / 刘淑香著. -- 北京:北京邮电大学出版社，2018.9
ISBN 978-7-5635-5597-0

Ⅰ. ①新… Ⅱ. ①刘… Ⅲ. ①能源经济—经济发展—研究—中国 Ⅳ. ①F426.2

中国版本图书馆CIP数据核字(2018)第219939号

书　　名：新知识经济时代下的能源经济发展研究
作　　者：刘淑香
责任编辑：毋燕燕
出版发行：北京邮电大学出版社
社　　址：北京市海淀区西土城路10号(邮编:100876)
发 行 部：电话：010-62282185　传真：010-62283578
网　　址：www.buptpress.com
E-mail：publish@bupt.edu.cn
经　　销：各地新华书店
印　　刷：北京九州迅驰传媒文化有限公司
开　　本：720 mm×1 000 mm　1/16
印　　张：9
字　　数：158千字
版　　次：2018年9月第1版　2018年9月第1次印刷

ISBN 978-7-5635-5597-0　　定　价:42.00元

序　言

能源是国民经济和社会发展的重要战略物资，它促进了人类社会的经济增长。经济增长和能源投入之间存在一定的互动关系，能源是经济增长的动力源泉，经济增长又拉动能源消费。中国要实现可持续发展的能源战略，必须实现能源发展方式的转型，即能源供应要从简单地满足经济发展的需求转向保障需求与环境效益并重。党的十八大报告强调，以科学发展为主题，以加快转变经济发展方式为主线，是关系中国发展全局的战略抉择。

加快转变经济发展方式是实现更高质量发展的现实要求；是突破资源短缺瓶颈制约的现实要求；是缓解生态环境恶化压力的现实要求；是适应全球经济新调整的现实要求；是争创国际竞争新优势的现实要求。研究能源消耗与经济发展方式转变对保证能源安全，经济高效、健康、协调发展以及生态环境保护具有重要的现实意义。

本书共 6 章，第 1 章介绍了能源市场的情况，以及能源市场与能源价格的关系；第 2 章介绍了电力市场的情况，电力价格及存在的问题；第 3 章介绍了核能、风能、太阳能、生物质能的发展情况；第 4 章介绍了经济增长理论，以及经济增长与能源消耗的关系；第 5 章介绍了环境效应、环境失灵以及控制污染等；第 6 章对内蒙古能源经济发展方式转变的路径以及相配套的政策做了深入探讨。

本书可为研究能源经济发展的相关人员提供一定的参考，亦可为非专业人员了解当前能源经济发展形势及现状提供参考。

目　录

第 1 章　能源市场研究

1.1　基本竞争市场模型

任何标准的经济学教科书都从完全竞争市场理论讲起。在完全竞争市场条件下，消费者在预算约束条件下追求效用最大化，生产者在生产可能性曲线上追求利润最大化。同时，在完全竞争市场中存在无数的消费者和生产者，并且所有的交易主体都是价格接受者而没有市场势力。一般而言，一种商品的需求量随着价格的上升而下降，随着价格的下降而上升，这就形成了我们所熟悉的向右下方倾斜的需求曲线。类似地，生产者面临的是一条向右上方倾斜的供给曲线，即商品的价格越高，供给量越多。供求的相互作用下形成了市场的出清价格和商品的销售量。

消费者通过消费商品满足效用或反映偏好。由于效用难以观测，一个测度消费者满足程度的替代参数是支付意愿。在任何给定的价格水平下，消费者消费相对应的数量。没有消费者会购买他不需要的东西，但是面对需要的东西时，他可能愿意支付比市场价格更高的价格。因此，在 P_0 的价格水平下，消费者愿意支付的区域面积为 ABQ_0O，而实际支付的区域面积为 P_0BQ_0O，如图 1.1 所示。两个区域面积之差为消费者的额外收益，被称为“消费者剩余”。在图形上表示为需求曲线以下、实际支付价格水平线之上的区域。

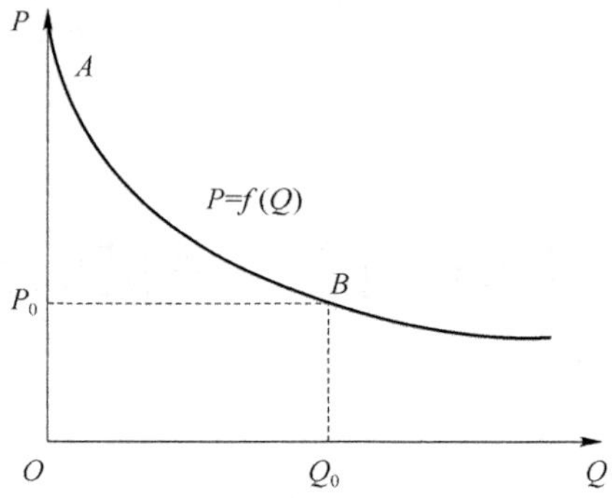

图 1.1　支付意愿

另外，当商品的价格能够完全弥补成本时，生产者愿意在任何一个给定的价格水平上销售商品。然而，即使在这样的价格水平上，由于相对低的生产成本，一些生产者将获得更多的好处，由此产生的收益被称为"生产者剩余"，如图 1.2 中阴影部分所示。因此，生产者的总收益包括生产成本和生产者剩余两部分。

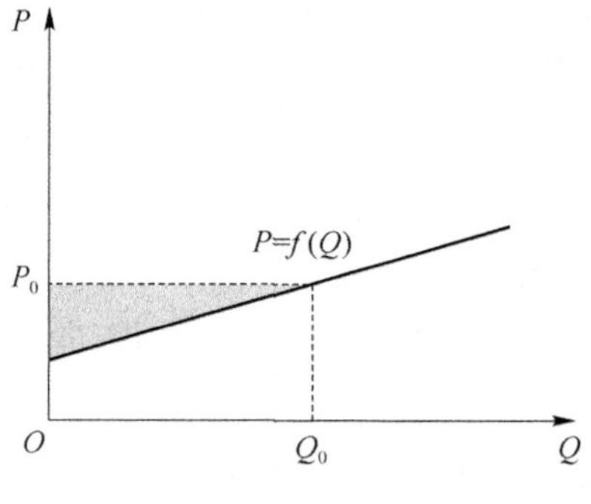

图 1.2　销售意愿

在均衡点上，生产者的出售意愿等于消费者的支付意愿。在这种情况下，商品的需求等于供给。该均衡点被认为是最佳的分配点，在该点处，任何人都不能在不降低其他福利的基础上提高自身的收益（即在均衡点处，整个市场分配实现帕累托最优），如图 1.3 所示。

竞争的压力迫使任何卖家都不能比其他卖家向消费者收取更高的价格。如果一个卖家收取的价格超过市场出清价格，消费者会流向其他提供相同的商品而价格更低的卖方。而如果有卖方收取的价格低于市场价格，其所面临的需求量将超

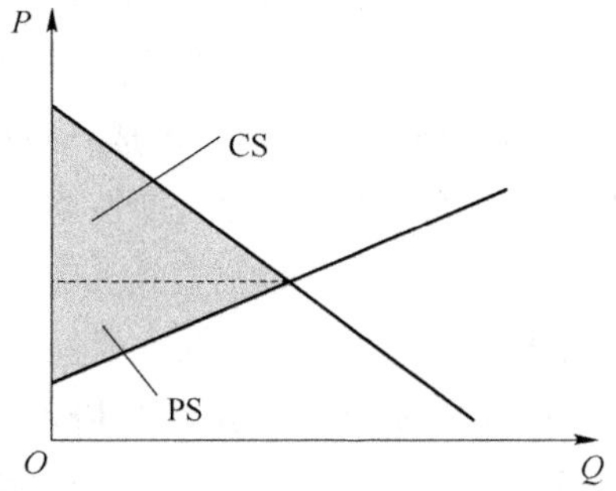

图 1.3 竞争均衡

过供应量，迫使其回归到市场出清价格。单个买家和卖家均无法影响市场价格。买家和卖家根据市场价格的变化被动做出反应。当均衡价格降低时，一些生产者会离开市场，而更多的消费者会加入市场。同样地，在更高的价格水平上更多的卖家愿意提供他们的商品，同时消费者的数量会减少。在完全竞争市场下，市场主体自愿参与，消费者或卖家可以自由进入或退出市场。均衡价格等于最后供应商的边际成本。

以上的内容用数学形式表达如下。

在现行价格 p^* 水平上，消费某一商品所获得的消费者剩余可以表示为

$$\mathrm{CS} = \int_{p^*}^{\infty} Q(p)\mathrm{d}p \tag{1.1}$$

同时，当生产者的成本函数为 $C=C(Q)$ 时，生产者剩余为

$$\pi = pQ(p) - C[Q(p)] \tag{1.2}$$

整个市场净经济福利为消费者剩余和生产者剩余的直接加总

$$W(p) = \mathrm{CS} + \pi = \int_{p^*}^{\infty} Q(p)\mathrm{d}p + pQ(p) - C[Q(p)] \tag{1.3}$$

目标是找到使福利最大化的价格，通过对福利函数求一阶导数并令其等于零获得。

$$\frac{\mathrm{d}W}{\mathrm{d}p} = \frac{\mathrm{d}}{\mathrm{d}p}(\mathrm{CS}) + \frac{\mathrm{d}\pi}{\mathrm{d}p} = 0,$$

$$[-Q(p^*)] + \{Q(p^*) + p^* \frac{\mathrm{d}Q(p)}{\mathrm{d}p} - \frac{\mathrm{d}C[Q(p)]}{\mathrm{d}p} = 0 \tag{1.4}$$

通过上式可得 $p^*=\mathrm{MC}$，即价格等于边际成本。这类市场具有如下一些属性。

(1) 市场参与是自愿的——消费者和生产者能够自由进入和退出市场。

(2) 愿意按市场价格支付的消费者进入市场（这意味着仍然可能会有一些消

费者留在市场外面)。同样,只有那些边际成本低于或等于市场价格的生产商才会提供商品。边际生产者只能收回运行成本,而其他生产商能够产生一些额外的利润(用于弥补其部分或者全部固定成本,弥补固定成本的多少取决于其成本结构)。这迫使供应商努力降低成本以进入市场。因此,即使将一些消费者排除在市场外,仍然可以找到市场价格。同样的,市场中存在着部分生产商赚取大量利润而其他生产者几乎不盈利并存的情况。

(3) 相关市场的定价原则在实质上属于短期分析,目标是市场出清。

然而,为了获得资源配置有效的结果需要满足某些基本条件,如存在自由竞争的市场,完美和无成本的信息和知识流动,资源的平稳转移和不存在外部性。显然,上述大多数条件在当今的能源市场中均无法满足。此外,能源行业具有某些特有的性质,如资本的不可分割性、部分产品的可交易性和部分资源的可耗竭性。因此,为了更有意义地分析,我们需要扩展基本模型,这正是下面所要研究的。

1.2 基本模型的扩展:能源市场模型

我们通过分析能源部门的一些特征来改进基本模型。

1.2.1 资本的不可分割性

资本的不可分割性意味着产能扩张的路径是按照离散的设备单位发生的,并且投资具备不均匀性的特点。在能源领域,这是一个共同的特点。例如,油田或煤矿的开发是在一个特定的产能上。炼油厂和电厂都是按照特定的规模设计,一旦安装一个单件,增量投资可能只是一个一个的标准件,而不是理论中的连续平滑的增量。规模经济的存在往往意味着,可以通过安装较大规模的设备以获得更好的成本优势。资本的不可分割性改变了供给曲线的现状,使之不再是连续的供给曲线,在新增加的生产能力点处供给曲线的形状会出现弯折,如图 1.4 和图 1.5 所示。

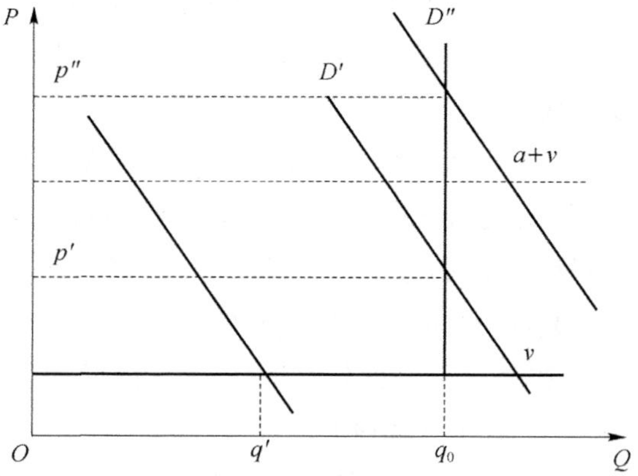

图 1.4　现有设备下的情形

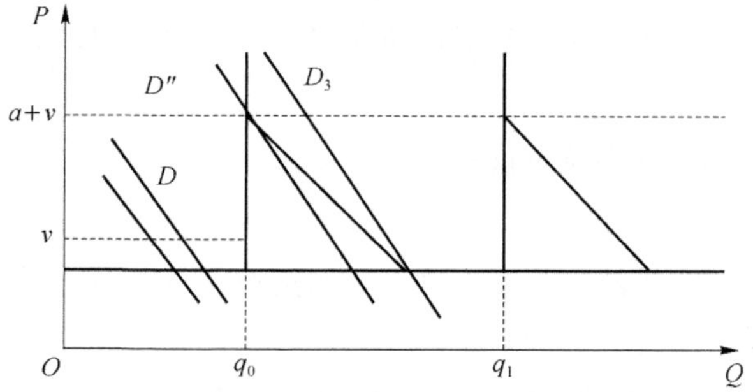

图 1.5　经济周期(景气与衰退)

在现有以生产能力为 q_0 的设备情况下,产量无法超过已安置设备的最大生产能力。假定供给曲线的边际成本为常数 v,当达到生产能力约束 q_0 时,供给曲线变成一条垂直线。因此,在生产能力的极值 q_0 处,供给曲线发生了弯折。在刚开始的时候,需求曲线为 D,市场出清价格为边际成本 v,在这一点上存在超额生产能力。在这种情况下,投资者只能收回其运营成本。但当收入变化等其他因素的影响导致需求曲线移动到 D'处时,如果价格仍然保持在短期边际成本上(v),将出现供不应求的情况。如果要形成市场出清价格,将意味着定价机制必须将需求合理化,使其下降到目前的供给水平上,价格将上升到 p'处(位于 v 和 $a+v$ 之间),从而弥补部分固定成本。当需求增长足以使出清价格等于 $a+v$ 时,生产商将收回全部供应成本。但是由于前期成本弥补不足,这个阶段并不足以鼓励新企业进入。随着需求的进一步增加（移动到 D''处），价格将超过长期边际成本，生产者将获得超额利润。如果生产能力短缺的现象维持下去的话，高价格和超额利润的存在将鼓励新企业纷纷进入该市场。

随着新设备的投入，设备生产能力增加到 q_1，这带来整个系统生产能力的扩张。需求曲线 D_3 与供给曲线的交点将市场价格降低到短期边际成本处。在这个过程中，通过价格的周期性波动，带来该行业的兴衰更迭。在竞争性的市场条件下，能源产业这种内在的价格波动性将是主要的关注点。这种不稳定性将影响长期投资抉择并增加经济运行的不确定性。投资者在这种环境下不能进行更好的投资决策，因此需要一些制度来约束这种波动性。

值得一提的是，在经济文献中，长期边际成本原则被认为是针对这样的情况下的解决方案。不过如上所述，定价时往往采用短期边际成本而非长期边际成本，这是因为在实践过程中，长期边际成本原则在确定成本和价格时会遇到问题。因此，通常情况下，企业会采用平均成本定价而非边际成本定价原则。

1.2.2 可耗竭性资源的枯竭

由于煤炭、石油和天然气都是不可再生的资源，消耗一单位该类资源意味着未来对该种资源的消耗将减少一单位。这带来了另一个决策问题：现在使用资源还是留待将来使用。此时定价不仅仅应该考虑边际成本，还应包括稀缺租金或使用成本。这意味着，由于相对稀缺性，有限资源的价值应该超出其生产成本。根据时间偏好消费理论，我们在时期 t_1上比 t_2消耗得更多，因为 t_1时期的价格水平在一定程度上比 t_2时期低。

如果资源储备量非常大并且将资源出口的情况忽略不计，租金部分即使理论上仍然会存在，也是微不足道的；而资源储备量非常有限时，租金的预估也不存在任何问题，其数值等于开采成本和替代燃料价格之间的差额。在其他各类中间情况下，租金显著存在但其预估将更加不确定与复杂。

1.2.3 资产专用性与资本集约性

交易成本经济学理论认为，能源部门使用了专用性资产。资产的专用性如此强，以至于没有什么其他用途。例如，发电设备几乎没有其他用途。同样，用于油田上的投资设备几乎无法用于任何其他用途。资产专用性产生的原因包括：场地专用性、人力资本专用性、投资的专用（或特质投资）性和实物投资的专用性（威廉姆森，1985）。交易成本的属性和大小取决于交易的频率、不确定性的程度和资产专用性程度。

交易成本理论还确定了一些其他形式以替代交易（威廉姆森，1985），包括：市场中的古典契约形式；长期双边合同形式；三边关系形式，其中第三方按照一些规定的程序（如仲裁）确定赔偿或适应性措施；统一治理或垂直整合形式，通过企业使交易内部化。

由于交易成本属性的存在，治理可能是最合适的管理，见表 1.1。在给定的交易频率和高资产专用性的情况下，能源产业倾向于垂直整合。这是所有能源行业（石油、天然气、煤炭或电力）的共性特征，但是针对具体的能源行业也有不同之处。在天然气行业，三方合同中比较常见，而在电力行业，统一治理比较流行。

表 1.1　交易特征下的治理结构

交易频率	资产专用程度		
	无	中等	较高
较小	传统模式	三方治理	三方治理
经常	传统模式	双边治理	统一治理

就资产专用性而言，能源部门往往是资本密集型的。通常情况下资金成本占平均成本的很大一部分，当产量提高时，单位成本随之下降，体现出规模经济的特点。

这种资本密集和规模经济意味着边际成本往往比平均成本低，那么任何基于边际成本的定价方法都会导致财务损失，如图 1.6 所示。但是，一旦投入运营，只要能够收回其可变成本，公司将继续经营以期待在未来某个期间内弥补全部资本成本。因此，企业倾向于在最大生产能力点上生产，而将固定成本作为沉没成本。这将导致供应过剩（能源行业的内在倾向）。但持续性的供过于求的局面对任何行业都是不利的，因为新投资乏力和持续的财务损失可能会导致过早放弃某些设施的投资。

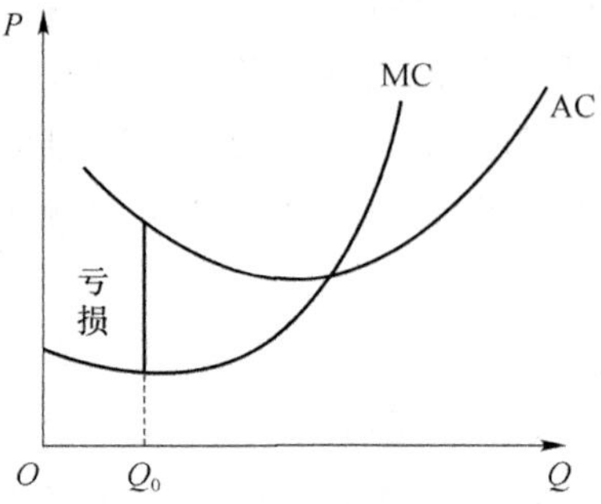

图 1.6　相关成本曲线

需要强调的是,任何能源产业都必须保持一定量的过剩产能,以应对突发情况(如自然灾害,中断等)、正常的供需波动以及确保供应的可靠性。此外,由于储电技术难题,实时供需平衡是必需的,这使得在技术上也需要保持一定量的过剩产能。

能源行业使用两种方法来应对资本不可分割性和产能过剩的问题:石油工业采用横向合并,而电力和网络状能源产业采用监管措施。在监管过程中,收费是与成本相关的,成本包括维护和操作组合资产以及确保供应的可靠性。但是对于非管制行业(如石油),横向一体化可以发挥作用,即通过并购同一价值链上的企业或者通过卡特尔联盟形成横向一体化。在后石油冲击时代,石油行业已经出现了明显的合并和整合趋势,大型国际公司合并在一起,以更好地管理它们的资产。另外,共谋行为广泛运用于石油工业中。1928 年,各大石油公司通过 AS-IS 协议,固定各自的市场份额,形成了一个有效的卡特尔组织。直到 20 世纪 50 年代该协议内容公之于众后才被废止,因为大多数国家的法律禁止共谋行为。然而,大企业找到另一条影响市场的途径,即在波斯湾设立合资企业,该合资企业为他们提供了合法、完善的信息,从而控制石油市场。欧佩克创建以后,通过生产配额和价格合谋的方式控制石油市场,由于参与这些决定的主体为主权国家,因此这样的行为并不违法。

1.3　能源领域内的市场失灵

上面讨论的竞争市场模型都是基于一套严密的假设。当这些假设条件不能得到满足时,就会出现市场失灵的情况。能源部门的某些因素(技术或其他特征)都不满足竞争性市场的基本假定。以下是市场失灵的常见原因。

1.3.1　垄断

能源行业的资本密集属性需要大量的投资。大规模的投资形成规模经济,从而形成几个大的供应商主导市场。追求利润最大化的垄断者会通过边际成本等于边际收益设定价格。由于垄断企业面临的是一条向下倾斜的需求曲线,因此边际收益会低于价格。

如图 1.7 所示,利润最大化原则下,垄断企业会将产量设定为 Q_m,而将价格设定为 P_m。

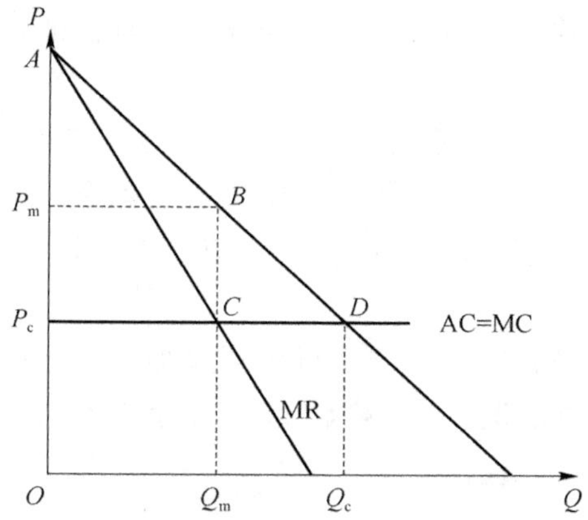

图 1.7　垄断市场下的定价

在数学上,求利润最大化的问题:

$$\mathrm{Max} P \cdot D(P) - C(D(P)) \tag{1.5}$$

对价格求一阶导并令公式为0,有

$$P^* \cdot D'(P^*)+D(P^*)-C'(D(P^*)) \cdot D'(P^*)=0 \tag{1.6}$$

即

$$P^*-C'=-D(P^*)/D'(P^*) \tag{1.7}$$

由于

$$e=-D'(P^*) \cdot P^*/D(P^*) \tag{1.8}$$

有

$$\frac{P^*-C'}{P^*}=\frac{1}{e} \tag{1.9}$$

也就是说,为了最大限度获取利润,垄断者将根据消费者的需求弹性反向收取费用。即对于越缺乏弹性的需求,垄断者将索取越高的价格。

如果将垄断市场的结果与竞争市场的结果做比较,可以发现,垄断厂商会将产量确定在 Q_m 水平,而非完全竞争市场上的 Q_c 产量上。同样地,消费者支付的价格为 P_m 而非完全竞争市场上的 P_c 价格。因此,消费者多支付(P_m-P_c)部分被称为垄断租金。消费者剩余由 AP_cD 区域面积减少到 AP_mB 区域面积,同时生产者剩余增加到 P_mP_cCB 区域面积,然而在完全竞争市场中并不存在生产者剩余。市场的垄断导致的无谓损失相当于图中△BCD 的面积。

此外,根据莱宾斯坦(1996)的观察,垄断者可能会在生产可能性边界内的低效运行区安排生产。换句话说,这意味着垄断者可能会选择生产要素的低效率使用,从而在高于其理论成本曲线的点上经营。这被称为 X 低效率。X 低效率与利润最大化目标并不一致,这是因为管理者可能会追求自己的目标而非企业所有者所追求的利润最大化目标。

导致垄断低效率的第三个原因是寻租的可能性。垄断者可以获得比竞争激烈的市场价格多的垄断租金,相当于图 1.7 中生产者剩余 P_mP_cCB 区域面积。这种租金的存在,使得企业竞相游说,影响立法者或监管机构,从而浪费资源并造成社会福利损失。

第四个原因是产品的差异化,它使得公司增加其价格而不用担心会将市场让给竞争对手。在这样的情况下,价格将超过边际成本,从而导致市场资源配置无效。

1.3.2 垄断下的定价原则

当由单个企业生产商品或提供服务时的成本最低时,就属于自然垄断的情况。

典型的例子是单一的产品下的企业长期平均成本在整个产出范围上不断下降，如图 1.8 所示。由于在整个产出范围内平均成本都处于下降趋势，因此边际成本也是不断下降的。这是永久性的自然垄断的情况，无论市场需求规模大小与否，单个企业都能以最低成本提供产品。

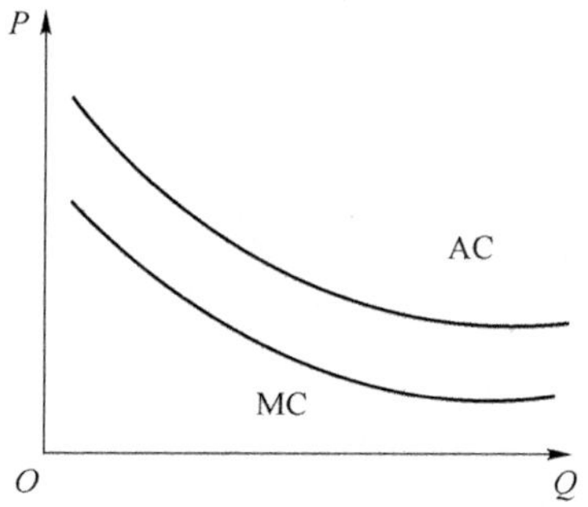

图 1.8　永久性的自然垄断

另一种情况是暂时性的自然垄断，当平均成本下降幅度有限时就属于暂时性的自然垄断，如图 1.9 所示。在该图中，成本下降到 Q^*，随后保持恒定。超过 Q^* 产出水平后，当需求上升到 D' 时就可以培育出一个可行的竞争性市场。

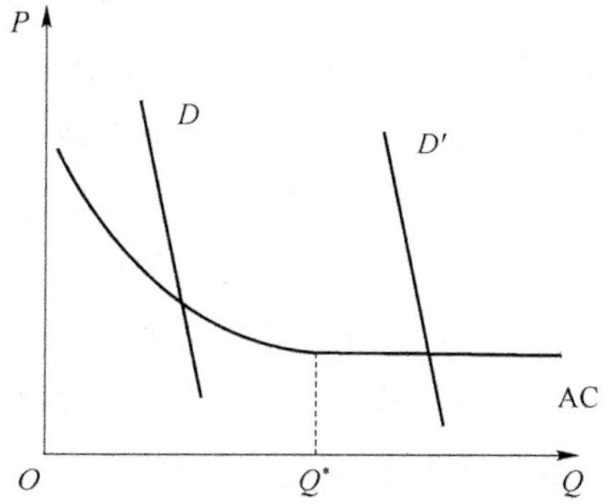

图 1.9　暂时性的自然垄断

虽然规模经济推动了自然垄断的形成，但它并不是自然垄断形成的充分条件。在这里需要引入成本函数的次可加性的概念。当满足下面的条件时，成本函数就是次可加的：

$$C(Q) = c(q_1 + q_2) < c(q_1) + c(q_2) \tag{1.10}$$

这意味着,由单个企业生产全部数量的 q_1+q_2 要比由两个企业分别生产 q_1 和 q_2 更便宜。图 1.10 中的成本曲线表明,在产量 Q' 之前,成本是不断下降的,产量 Q' 后成本开始增加(它显示了规模经济最大量为 Q')。在 Q' 前的任何产出水平上成本函数都是次可加的。

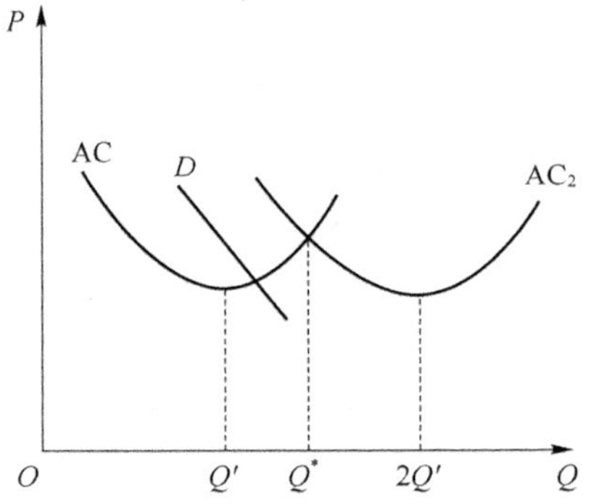

图 1.10　超过规模经济产量后的成本次可加性

接下来,我们考虑当产出超过 Q' 后会发生什么。图 1.10 展示了两家企业的最低平均成本曲线。由于假定两家企业必须以相同的生产速度进行生产,第二条成本曲线 AC_2 与第一条 AC 曲线形状相同。因此,成本曲线 AC_2 上最低成本点对应的产量等于 Q' 的两倍。AC 和 AC_2 两条曲线的交点对应的产量(Q^*)界定了次可加的范围。很显然的,当产量低于 Q^* 时,由单个企业生产成本更低,即使在这一点上并不存在规模经济。因此,规模经济并非单一产品自然垄断的必需条件。

对多个产品的生产而言,当成本函数是次可加的时候就形成自然垄断。在多产品的情况下,规模经济既非自然垄断形成的必要条件也非充分条件。范围经济的概念变得十分重要。如果规模经济和范围经济都存在,则可能形成自然垄断。

另一个相关的概念是自然垄断的可持续性。在单一产品的情况下,假定需求曲线与 AC 曲线相交于 Q' 的左侧,则不会导致任何新进入者进入市场。但是,如果需求曲线与 AC 曲线相交于 Q' 与 Q^* 之间,自然垄断则是不可持续的。这是因为在这种情况下会存在潜在对手进入市场并提供部分产品,自然垄断可持续与否是决定新企业是否存在进入激励的重要因素。在可持续垄断的情况下,进入的威胁是不存在的。另外,在不可持续垄断的情况下则存在新企业进入的可能性。

在自然垄断的情况下,公共政策的困境是:自然垄断的特性决定只需单个企业提供整个市场供给,但社会公众并不希望承受潜在的高垄断价格。用什么样的替代解决方案来应对这一情况呢? 这就是需要我们转向研究垄断定价及管制问题。

1. 边际成本定价

根据经济学理论,竞争激烈的市场条件下,价格等于生产的边际成本。因此,一个自然垄断者应适用该原则以满足配置效率的要求。此时产量为 Q_0 而价格为 P_0。然而,由于此时价格低于平均生产成本,企业将蒙受损失,损失量相当于图 1.11中的矩形区域 RP_0ST。没有私营企业愿意在提供产品的同时又蒙受损失,为了弥补这一损失,补贴是必要的。但这些补贴从哪里来呢?

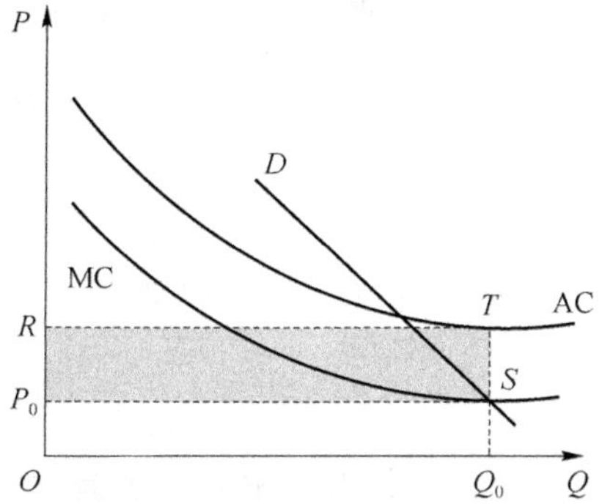

图 1.11　自然垄断下的边际成本定价

理论上的解决方案是征收定额税,从而不扭曲整个经济的其他决策,但这类税收很少用于实践。即使存在这类税收方案,也因存在一些其他因素而弃用此类政策工具:普遍性征税导致该产品的非购买者补贴购买者,这从分配的观点上来看并不公平;补贴会使控制成本的激励和能力降低。由于管理层和员工都知道损失量将被补贴,从而在实践中导致效率低下;如果成本不能得到补偿,则可能出现整个社会从该产品中获得益处也小于该成本。如果是这样的话,就没有理由生产该类商品,补贴会掩盖这个基本问题;很多国家在政策上不能接受对私人企业进行补贴。

2. 平均成本定价

以上表明,定额税可能并不是一个合适的解决方案。定价的原则至少应该弥补成本。在单一产品的情况下，收支相抵的原则将出现按照平均成本定价的解决方案。然而这违背了边际成本定价原则，将导致社会的福利受损，损失面积为图 1.12 中的阴影区域。

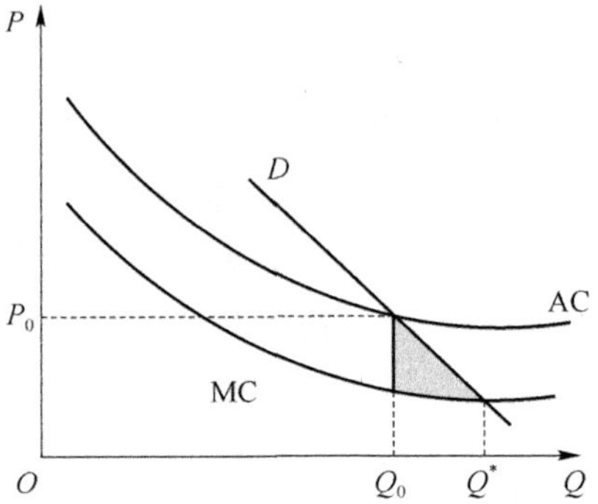

图 1.12　自然垄断下的平均成本定价

在这种情况下，出现了其他一些替代定价原则。

3. 两部制定价

两部制定价属于非线性定价。它由固定费用或收费(F)和单价(p)构成，单位价格可以设置成与边际成本(MC)相等。正如我们在前面讨论的那样，边际成本定价将导致企业亏损，而这里的固定收费将弥补这部分收入损失。

一个简单的费用设计是对所有客户收取一个统一的固定费用，这部分费用相当于提供产品或服务遭受的损失。这是一个简单的设计，并且是非歧视性的。但是，它可能会导致一部分消费者退出市场(尤其是那些消费量少并且必须支付较高的固定费用的消费者)。另一种系统设计方案是针对不同类型的消费者设计不同的固定费用，从而避免部分消费者被排除在服务之外，但这类方案设计本质上具有歧视性，在某些情况下甚至可能是非法的。

以下为一个电力行业两部制定价的例子。

每月收取固定费用 5 元，每月消费不足 200 千瓦时，每千瓦时收费 10 美分；200 千瓦时至 500 千瓦时，每千瓦时收取 7.5 美分；超过 500 千瓦时，每千瓦时收取 5 美分，如图 1.13 所示。

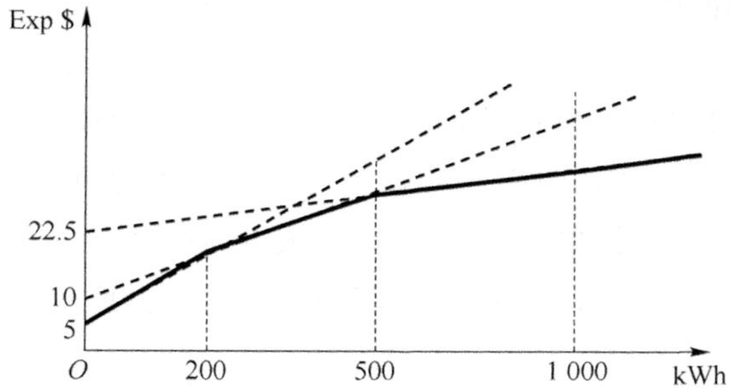

图 1.13　两部制定价的例子

实线部分表示该条曲线采用的实际费率。这表明随着消费量的增加，有效的固定费率和可变费率都是变化的。

4. 拉姆齐定价

拉姆齐定价规则从本质上看属于征税，通过系统设计使得无谓损失降至最低。这种方法不仅用于定价，也用于解决自然垄断下边际成本定价导致的损失弥补这类基本问题。一些研究人员在各种条件下对这一原则进行了分析，鲍莫尔和布拉德福德(1970)对该问题的分析最为详细和一般化。拉姆齐规则可以概述如下

$$\frac{p_i - \mathrm{MC}_i}{p_i} = \frac{k}{e_i} \tag{1.11}$$

式中，p 表示价格，MC 表示边际成本，e 为需求的价格弹性，i 表示产品，i，k 为一常数。

这个公式表明，准最优价格应该高于边际成本，该价格能最大限度地减少无谓损失，并应该与需求的价格弹性成反比。即当需求缺乏弹性时，价格应制定得高些，当需求富有弹性时，价格制定得低些。这为一些公用事业部门基于所谓的"服务价值"定价提供了理论依据。

拉姆齐定价的另一种替代公式如下

$$\Delta x_i = k x_i \tag{1.12}$$

式中，x 表示商品的需求，Δx 表示需求的变化，而 k 是一常数。

这表明，如果价格被设定为边际成本，准最优定价需要与所观察到的所有购买水平呈比例变动(鲍莫尔和布拉德福德，1970)。换句话说，这意味着对所有商品的需求应限制为相同比例以使总成本等于总收入。这样做的意义与上述相同，因为

虽然产出减少了相同的量，但由于不同产品的需求弹性不同，价格变化幅度也不尽相同。

虽然拉姆齐定价规则解决了福利损失问题，但拉姆齐定价规则同样存在公平问题。由于对需求缺乏弹性的部分征收更高的价格，它表明基本需求将被收取更高的费用。这意味着，如果采用这一规则，穷人可能会处于不利地位。公平问题已在相关文献中被讨论，这使得该公式变得更加复杂，在这里不做讨论。

1.3.3 外部性和公共产品

不同的能源产品其社会成本也不相同，其中一部分被生产者和消费者所认同，而其余的部分，又被称为外部成本，并没有计算在内，但所造成的影响却由社会承担。在经济方面，外部效应是指，如果一个经济主体的活动对其他人或群体施加了积极或消极影响，而经济主体并没有收到也未支付相当于其活动所造成的好处或损失的情况。

同样地，提供能源类公共产品应受到关注。公共产品是指那些提供给某一个人或一个群体的产品会自动适用于所有人，而无须支付额外费用。在能源领域可以很轻松地找出一些这样的例子：由大坝建设所产生的娱乐或其他利益，上游植树造林使得下游受益，等等。同时，为确保能源的充足和安全供应，适当的长期研发以及其他经济和社会合意的结果也具有公共物品的特性。市场可能无法提供这些公共物品。这些重要问题与能源息息相关，从而导致了政府的干预。

1.4 能源领域内的政府干预

上述讨论表明，能源部门在许多方面都不能满足竞争市场的要求：自然垄断和租金的存在需要正确的干预来纠正；后文所考虑的外部性问题，在能源部门也相当普遍，需要政府进一步干预。此外，作为现代社会极为重要的能源，社会问题、相关的公平问题和安全问题也不容忽视。这种所谓的市场失灵的说法可以用来证明在能源部门的政府干预的合理性。因此，无论是在发达国家还是发展中国家，能源领域的政府干预都广泛存在，尽管同时整个世界市场自由化的浪潮盛行。

政府利用广泛的手段或措施来控制能源部门的运作。IEA 归类了五个类别：经济和财政手段；贸易工具；行政、管理和所有权手段；政府调节；研发(R&D)。

表 1.2 给出了每一类工具的一些例子。税费和补贴构成能源部门经常使用的经济手段形式。虽然财政手段可以用于将外部性内部化等各种目的，但创收仍然是该手段被广泛使用的最为重要的动机。一些贸易相关的工具也被用来控制能源资源的流动，包括关税和配额、许可证，对某些地区或国家进行燃油质量的控制和政治控制(禁运或禁止交易)。

表 1.2　主要的能源政策工具

经济/财政手段	贸易手段	经营权与所有权管理	监管手段	研发手段
税收、特许权使用费、手续费 税收免除 补助、补贴、转移支付 信贷工具(贴息，贷款担保，软贷款)	进出口关税 进出口许可证 配额 选择性禁止/禁运 区别对待国内供应商和国外供应商	参股或拥有能源企业 提供政府服务	价格和数量控制 市场调控(进入/退出，垄断权，反卡特尔立法) 环保监管 技术监管	公共部门的研发 资助私人部门研发 国际合作

资料来源：国际能源署(IEA)。

政府参与能源领域的管理、所有权和生产与供应的控制依然十分普遍，尤其是在网络化性质特别明显的行业中。大多数国家在 20 世纪时就出现了政府参与能源行业的趋势，自“二战”后尤甚。这些垂直一体化的国有垄断企业在起初能够产生令人相当满意的结果，部门规模显著增长并高效运行。但随着政府行使行业的所有权和监管权，出于政治动机的决策在整个行业开始盛行，企业的业绩开始恶化，这种情况在发展中国家尤甚。国有企业开始出现劳动生产率低下、固定设施设备恶化、服务质量差、长期的收入短缺与投资不足，以及严重的盗窃和未付款问题。

政府运用广泛的监管性干预措施来控制部门的市场表现。这些措施包括价格管制、竞争和市场准入规则、私人服务的义务、垄断和限制性贸易惯例的控制，以及技术和环境绩效管理。控制的程度因行业而异，通常网络化强的产业受到的管制水平更高。石油行业的下游侧，至少在发达国家，也许管制是最少的，因而存在大量的批发商和零售商的竞争。然而，很难说发展中国家也是这样，在发展中国家，往往是由国有垄断企业向市场提供产品。

20 世纪 70 年代发生的石油危机，使很多国家在毫无防备的情况下遭受损失。自此，很多国家开始致力于制定有效的政策和制度以应对能源部门出现的问题，政府在能源领域的参与度日益高涨，导致了过度的干预性政策(如为能源部门划定具体的目标，价格控制，大兴土木，设置自由贸易壁垒等)。许多国家设置了正式的能源规划部门以应对能源安全，保护经济免受未来的冲击。但是，自 20 世纪 80 年代中期起，随着能源和石油市场的逐渐稳定，以及某些发达国家经济发展理念的转变，能源领域兴起一股放松管制的浪潮。能源部门的改革和结构调整政策开始趋于鼓励竞争，减少政府干预，并尽可能将监管限定在自然垄断行为产生的关键领域上。

世界银行和国际货币基金组织致力于促进发展中国家的政策自由化。拉丁美洲 1989 年的“华盛顿共识”政策，曾推广到全世界。许多国家在双边和多边机构的压力下也不得不进行结构调整，以扭转他们的经济。能源部门就是其中所针对部门之一，因为该部门是导致很多国家出现经济困境的主要原因。

然而，经过大约二十年持续的自由化政策之后，自由化进展程度一直相当有限。现在世界银行也承认，自由化的处方被超卖、误解以及不那么有效。反对这些政策的浪潮很高，接受率很低。随着最近几年油价高企，经济不景气和供应安全的担忧重现，要求政府对市场进行干预的呼声再次出现。

第2章 电力市场研究

2.1 电力市场

在对电力市场进行深入研究之前，有必要对电力市场中的企业或机构构成以及电力产品的特点有一定了解。

2.1.1 电力市场成员构成

电力市场是把各种一次能源通过相应的发电设备转换成电能，并把电能输送给终端用户的综合系统。电力市场一般包括发电、输电、配电和售电四个环节。在传统的垂直一体化电力工业结构中，电力企业往往由国家所有，作为公共事业，集发电、输电、配电和售电于一体，电力价格被政府严格管制。随着电力市场化改革的进行，电力市场四大环节开始分散开来，并在发电和售电环节引入竞争机制，建立电力批发市场和电力零售市场，发挥市场机制的作用。

1. 发电环节

发电环节是将其他能源转换成电能的过程。发电环节虽然也存在一定的规模经济特征，但是大机组通常会受到制造技术和电网负荷的制约，而且不同发电技术的最优规模也不相同，这样规模经济的特征就减弱了。与此同时，为了电网的安全性与可靠性，要求发电来源必须具有多样性。按电力生产使用燃料的不同，发电行业的种类划分见表 2.1。

表 2.1　发电行业的种类划分

行业	成本投入	优越性与不足	适宜装机容量①
火电(燃煤)	固定成本与燃料成本	成本均适中,供电稳定、机动灵活	基荷容量
火电(油、气)	固定成本与燃料成本	固定成本最低,但燃料成本最高,环境污染严重	调峰容量
水电	高固定成本,零燃料成本	环保但供电不灵活	腰核容量
核电	高固定成本,低燃料成本	供电稳定,但技术性较高,存在核安全隐患	基荷容量
新能源发电	高技术成本,低燃料成本	清洁、可再生,但稳定性较差	腰核容量

不同发电技术的资本成本和燃料成本不同,但它们在整个电力供应结构中都有其特色。由于电力的不可存储性,电力的供给与消费必须实时均衡,而电力需求本身又是多变的,这就为电力供应结构的多样性带来挑战。一般选取稳定性较强、效率较高的机组用来满足基本负荷,其基本上是全天候运行的。而一些机动性较高但由于燃料成本较高不适宜长时期运行的机组一般用于满足高峰负荷。关于不同类型的装机容量应如何有效组合,将在下一节的内容中具体讨论。

电力行业市场化改革,需要开放发电环节的有效竞争。随着市场化调节,发电商的增加,一个竞争的电力批发市场得以形成。然而,发电环节的有效竞争同时要求输、配电网络开放接入,以便使所有竞争性发电商都可以公平使用输配电电路。

2. 输电环节

输电环节是电力从发电厂输送到各个地方配电系统的过程。电力的输送以电网为载体,输电网一般是双向的、网状的高压线路。发电厂与电力负荷中心通常都

① 装机容量等内容将在下一节电力供应中阐述。

位于不同地区。在水力、煤炭等一次能源资源条件适宜的地点建立发电厂，通过输电可以将电能输送到远离发电厂的负荷中心，使电能的开发和利用超越地域的限制。与其他能源输送方式相比较，输电具有损耗小、效益高、灵活方便、易于调节控制、减少环境污染等优点。

电网输电过程中每条线路都有一定的最高负荷限制，为了避免线路负荷超载造成输电系统的不稳定，在发电厂与输电环节中间就必须有一个系统运行的调度机构，实时跟踪电网负荷的变化并向发电厂发出相关指令，以保证整个电力系统的平稳运行。

在电网输电方式及电压选择中，要遵循“满足需求、技术可靠、经济最优、适度前瞻”的基本原则。不同输电方式及电压等级线路的输送容量和传输距离见表 2.2。

表 2.2　不同输电方式及电压等级线路的输送容量与传输距离

输电方式及电压	输送容量/MW	传输距离/km	主要应用范围
220 kV 交流	100～500	100～300	省内输电
330 kV 交流	200～1 000	200～600	省内、网际输电
500 kV 交流	600～1 500	400～1 000	
750 kV 交流	900～2 400	600～1 500	
±600 kV 直流	3 000～7 000	1 000～1 800	网际输电
±800 kV 直流	6 000～10 000	1 200～2 500	
1 000 kV 交流	5 000～10 000	1 000～2 000	

3. 配电环节

配电过程是连接电力输电系统与终端用户的一个环节。配电也必须以电网为载体，但配电网一般是辐射状、单向的中低压线路。配电环节主要职能是保持地区电力线路的良好运行，为新增地区的电力需求增设线路，并进行线路的正常维护与更新。电力行业市场化改革进程中，输电环节和配电环节由于其较强的自然垄断特性，不可能实现输配电环节的完全开放，多套输电和配电设施有效竞争的局面在理论与实践中均无法完成。

4. 售电环节

售电环节是连接配电公司与终端用户的售电行为。公平开放的终端购电准入是构建电力零售市场的基础，所有的终端用户都可以公平地选择不同的供电商，从而众多的买方与卖方相互作用形成一个有效竞争的电力零售市场。

改革开放以来，我国电力工业发展迅速，取得了巨大的成就，有力地支持了国民经济的快速发展。但是在发电、输电、配电各环节实行垂直一体化垄断经营的旧的电力体制越来越不适应建立社会主义市场经济体制的要求。根据党中央、国务院对垄断行业进行改革的总体部署，国务院于 2002 年 3 月正式批准了《电力体制改革方案》，并决定由国家计委牵头，成立电力体制改革工作小组，负责组织电力体制改革方案实施工作。2002 年 12 月，国务院正式批复《发电资产重组划分方案》，在原国家电力公司的基础上，成立了两家电网公司，5 家发电集团公司和 4 家辅业集团公司，它们分别是国家电网公司、中国南方电网有限责任公司；中国华能集团公司、中国大唐集团公司、中国华电集团公司、中国国电集团公司和中国电力投资集团公司；中国电力工程顾问集团公司、中国水电工程顾问集团公司、中国水利水电建设集团公司和中国葛洲坝集团公司。自此，我国电力市场改革踏出了厂网分离的坚实一步。在发电环节，我国主要供电企业除了上述 5 大豪门发电集团之外，还有 4 小豪门发电集团①。电网方面，国家电网拥有 6 大区域分部，下辖 26 个省级电力公司，覆盖国土面积的 88%以上，供电人口超过 11 亿人；南方电网覆盖 5 省区，紧密连接港澳，并与周边国家和地区多点相连，供电面积 100 万平方千米，供电人口 2.3 亿人，供电客户 7 292 万户。关于我国电力 4 个环节的简化流向图可参考图 2.1。

① 华润电力控股有限公司、中国神华能源股份有限公司国华电力分公司、国投华靖电力控股股份有限公司和中国广核集团有限公司。

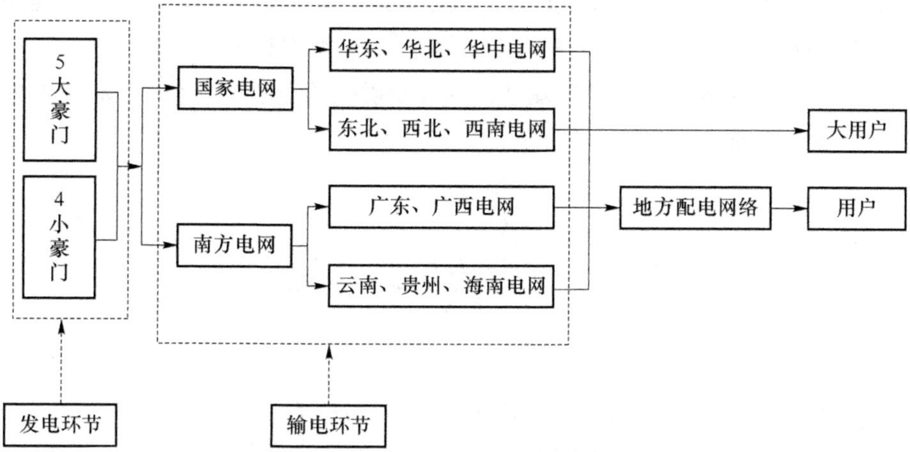

图 2.1　我国电力流向简图

2.1.2　电力产品特色

电力是一种特殊的二次能源。19 世纪 70 年代，电力的发明和应用掀起了第二次工业化浪潮，并引领了后续人类历史的科技与文明。自此围绕电力诞生的一项项伟大科技革命不断地改变着人们的生活。作为一类二次能源，电力必须从其他能源转化而来，而依据其转化方式的不同可将电力划分为火电、水电、核电以及新能源电力等多种形式。区别于一般商品，电力在市场交易中有其特殊性，电力主要有以下两个特点。

1. 供需同步，不可存储性

不可存储是电力最基本的特征。在现有蓄电技术水平下，电力的大规模存储尚无法实现，这就决定了电力的供给与需求必须同步。另外，电力以光速在电网中进行传播，从产生到最后消费在瞬间即可完成。发电量与用电量必须时刻保持平衡，否则将导致电力频率的变化，影响甚至破坏电力系统的稳定性。

2. 电力产品同质性

根据电力能源转化的来源可将电力分为火电、水电、核电、新能源电等种类。

但是不管哪一类能源转化形式，以及发电机组类型与质量的差异，最终产生的电力产品本身并无任何差异，它可能是目前人类社会最具有同质性的一类商品。不同发电形式之间的差异主要体现在发电成本以及供电稳定性上，对电力消费者来说，电力产品本身品质并无任何差别。

2.2 电力的供给与需求

分析电力市场的运行，核心是把握电力价格的形成。在经济学中，价格是由市场中的供给与需求二者共同决定的。由于电力产品具有供需同步性，使得电力的供给与需求密切相关，接下来本节内容将对电力的供需给予综合分析，以期从经济学角度对电力市场加以梳理。

电力供需平衡是电网规划建设的最终目的，并且使电网起点与终点两地保持电力供应与需求之间的平衡，满足生产与生活的电力需要。电力供需平衡分析需要在电源规划与电网规划之前进行，主要研究未来系统所需电力容量、调峰负荷容量以及地区间电力电量的传输交换等信息。电力需求分析是电网规划的主要问题，而电源侧的发展规划应根据需求侧的电力需求，利用自身电力供应优势，在国家政策及能源战略指导下进行。

2.2.1 相关基本概念

1. 电力需求

电力需求是指在一定时期内，一定价格水平下，电力用户需要并且能够购买的电力。电力需求中的用户需要与对一般商品的需要相同，代表用户的主观购买意愿；但是能够购买电力不仅代表用户要具有支付能力，还包括用户要具有获得电力的途径。由于电力商品的特殊性，必须通过相关的输配电网络基础设施才能够获得电力，因此在离网地区电力是无法接入和使用的。

负荷曲线描述的是电力系统中所有用户的综合负荷随时间的变动路径。按时间的不同，负荷曲线一般划分为日负荷曲线、月负荷曲线、季度负荷曲线和年负荷曲线。日常使用较多的是日负荷曲线和年负荷曲线，前者反映了一天内每小时负荷变化的情况，后者反映了一年内每天最大负荷的变化情况。

图 2.2 是一条日负荷曲线，反映了电力负荷在一天内不同时段的变化规律，存在着基本负荷、腰荷与高峰负荷。根据定积分的几何意义，曲线下面的面积即为该电力系统的日发电量。

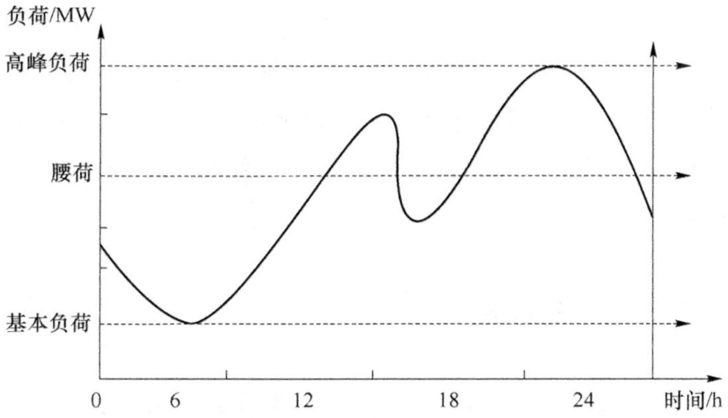

图 2.2　电力日负荷曲线

2. 电力供给

电力供给，指在没有电网约束的前提下，在一定技术条件和价格水平下，发电商愿意并且能够供给的电量。装机容量是电厂发电机组在最大功率运行时的单位小时发电量，一个电力系统的总装机容量是接入系统的发电机组容量总和，它反映该电力系统理论上的最大电力供给能力。一般情况下，电力系统的实际发电量要低于理论最大发电量。

每个国家的发电装机容量都会区分基础负荷机组、腰荷机组和高峰负荷机组，以满足不同时段的电力需求。对于不同规模和技术的发电机组来说，单位电力成本结构并不相同。因此，最优的装机容量组合，即满足电力需求的情况下单位电力成本达到最小。现实中，在选择最优发电装机容量建设的时候，既要考虑经济成本，也要考虑供电稳定性、环境问题、电力安全与战略等多方面的综合因素。

根据发电机组的技术特征，电力供应一般分为水电、火电、核电与新能源电力。

电力供应结构主要通过两大指标来反映：一是电源结构，指发电装机容量中各类机组容量占总发电机组容量的比例。如

$$火电比例=\frac{火电机组总装机容量(兆瓦)}{发电机组总装机容量(兆瓦)}$$

二是电量结构，指总发电量中各类机组发电量占总发电量的比例。如

$$火电比例=\frac{火电机组总发电量(亿千瓦时)}{总发电量(亿千瓦时)}$$

虽然两个指标理论上是反映的同一个问题，但在现实中不同类型发电机组由于其所承担的供电负荷的不同，不同机组年发电时间差异较大，最终不同机组年发电量并非与机组装机容量完全成比例，所以电源结构与电量结构的计算结果也会出现差异。发电装机容量中优质高效发电机组的结构比例越大，电力系统的稳定性和可靠性越高。

2.2.2 电力需求影响因素

电力系统的需求在任何时候都是所有的电力消费需求之和。电力需求的大小是由各种经济与环境因素共同作用的结果。影响电力需求的因素主要包括以下几个方面。

1. 宏观经济形势

经济发展阶段及形势一定程度上是电力需求增长变化的根本动因。电力需求与经济的发展密切相关，一方面，经济的发展使得国家富裕，人们生活水平不断提高，无论是企业电力的消费还是居民家庭的电力消费都得到了提高；另一方面，经济发展推动了技术的革新，使得高效率、稳定、可靠的电源、电网建设成为可能，间接释放了之前由于技术问题无法实现的电力消费需求。

2. 电价水平

经济学中，价格是影响需求的一个主要因素，电价的高低与电力需求量关系紧密。工商企业是一个国家或地区主要的电力需求方，电力作为企业的一类投入要素，电价的变化将直接引起企业成本的变动，追求利润最大化的企业的电力需求将会根据电力价格的变动进行调整。对于家庭用户来说，电力是一种必需品，其需求

价格弹性一般较低。但是目前随着人们生活水平的提高，各类大功率用电器进入家庭，电价的变动对这些用电器的电力消费还存有一定的调整幅度。一方面，高科技信息化大环境下，存在一定比例的高功率用电设备可能并非生活必要用品，此时的电价调整会起到对大功率用电器必要性的一种筛选作用；另一方面，即使属于生活必需品，电价的调整也会对必要大功率用电器的使用频次产生一定程度的影响。通过电力价格的调整，激发人们节约电力消费的动力，但在具体实施过程中，政府还需要保障老百姓的基本生活需求，不过多增加老百姓的生活用电负担。

3. 经济结构

各经济部门的电力需求量存在很大的差距。三大产业中，第二产业对电力的需求较高，其中又以重工业为最；而农林牧渔业、建筑业和批发零售等行业的电力需求则相对较小。目前，中国工业化建设进程中越来越关注经济结构的调整与优化，这种经济结构的转变过程也必然会影响电力的总体需求。

4. 电力输配能力

电力需求由于其特殊性，需要借助于电网的实时传输。电网作为连接电力生产与消费的必要通道，一方面，电网的建设与分布，作为电力传输的重要技术因素，直接关系到电力的实际需求；另一方面，电力的供需要求实时同步，电网的建设通过对电力供给的约束也会间接地影响电力消费。

5. 气候变化

气候因素主要通过改变大功率用电设备的使用来影响电力需求。例如：夏天持续高温，空调的使用时间自然会加大；而冬天持续低温，电热设备的使用时间也会增加，从而影响电力需求量。

6. 技术进步

一方面，新技术的研发与应用能有效提高电气化水平，增加电力消费；另一方面，技术进步有助于低能耗、节能产品的开发与应用，减少电力消费。技术进步对电力需求的影响是双向的。

2.2.3 电力需求管理

电力需求管理是以经济、技术和行政的手段来控制电力系统负荷的增长速度及调整电力系统的负荷曲线，以求得到最佳经济效益。

1. 负荷管理

电力负荷管理是改变电力负荷形状以调节不同时期电力负荷需求。常见的电力负荷管理方法有削峰、填谷以及负荷转移三种。

(1) 削峰是通过减少电力负荷高峰时段的电力需求，从而减少调峰能力投资，减少生产和运行成本。例如，限制高峰时段用电，通过适当的高峰电价引导、调整和改变高峰用电需求。

(2) 填谷是对电力负荷低谷时期进行刺激，使电力设备平均利用率水平提高。例如，给予低谷时期用电优惠，鼓励用户在负荷低谷时期储能，增加低谷时期电力消费，达到填谷的效果。

(3) 负荷转移是在不改变能源使用水平的情况下，将负荷从高峰时段转移到非高峰时段。如图 2.3，通过实行峰谷电价，激励电力用户减少夜间用电高峰期的用电，将一些用电活动转移到白天用电负荷低谷时期。通过消费行为的改变，在满足电力消费需求的同时，提高了电力系统的平均利用水平。现实中另一个典型的削峰填谷例子是水电站抽水蓄能：水电站在电力负荷低谷时期，利用电能抽水，将电能转化为势能；在电力负荷高峰期再将势能转化为电能，从而达到削峰填谷的作用。

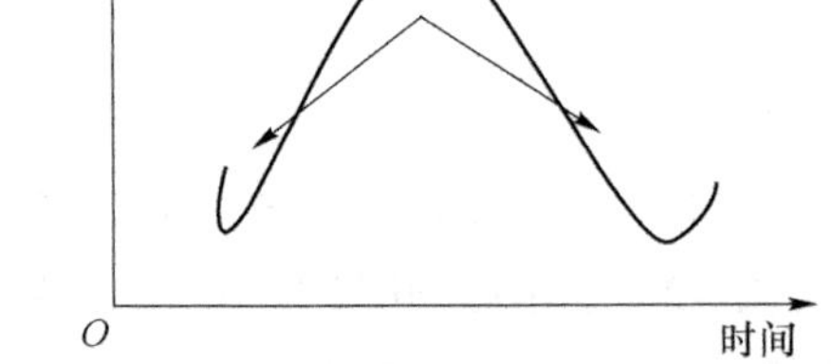

图 2.3 负荷转移

2. 负荷控制

(1) 直接负荷控制。直接负荷控制是指相关电力机构直接控制用户的用电设备。直接控制手段包括直接切断用户、重新连接用户、调整终端用电设备等。1968年，美国底特律爱迪生公司首次采用直接负荷控制，到了 20 世纪 90 年代，直接负荷控制被大规模推广。到了 2010 年，美国直接负荷控制项目的参与用户数超过 560 万人，每年美国直接负荷控制项目贡献的电力资源达到 900 万千瓦左右。

(2) 间接负荷控制。间接负荷控制是指利用价格信号诱导电力用户改变电力消费行为。直接负荷控制具有一定的强迫性，间接负荷控制则通过使用价格工具变得比较灵活，允许消费者自主决定最佳消费水平。价格调控的理论假设是：消费者是理性的，可以通过电力价格的信号理解电力消费的成本变化，并以此实现电力消费的利益最大化。

2.2.4　电力供给分析

电力作为一类清洁、方便的二次能源，已经成为人类生产、生活的必需品。人类对电力的消费是一种间接性消费，生产过程中电力是作为一种必要动力要素进入生产环节；生活过程中，人们对电力的消费是为了获得电力驱动下的电力设备所带来的效用。

在现有技术水平下，电力的大规模存储非常困难，造成了电力的供需必须实时同步。因此，电力的供给很大程度上受限于实际的电力需求情况。本节接下来的内容将在上文中对电力需求分析的基础上对电力的供给加以分析。

1. 最优装机容量

不同类型的发电机组的工程建设和设备投资成本相差比较大。对于固定投入较大的发电机组最好能长时间处于稳定运行状态，以满足基本负荷的电力需求；另一些固定成本较低的发电机组，如果启动时间迅速，可以根据电力需求变化快速做出反应，可用来满足高峰负荷。其他的固定成本与供电灵活性居中的发电机组，可用来满足腰荷用电需求。

最优装机组合是决定应该如何配置设备装机结构以及在什么时间和在多大程

度上选择某一装机容量，才能在保证电力需求稳定供应的条件下实现整体电力生产成本最小化。考虑一种包含火电、水电、核电、新能源电力四类供电结构模式下的最优装机容量规划。假设每类电力装机模式均包含三类成本——固定装机成本C_F，可变燃料成本C_V以及环境成本C_E。则关于最优装机容量的简单线性规划模型为

$$\min C = \sum_{i=1}^{4} C_{Fi} \cdot Q_i + \sum_{i=1}^{4} C_{Vi} \cdot q_i + \sum_{i=1}^{4} C_{Ei} \cdot q_i$$

$$\begin{cases} q_i \leqslant Q_i \cdot t_i, i \in 1,2,3,4 \\ \sum_{i=1}^{4} q_i = d_t \end{cases}$$

其中：C_{Fi}为第i类发电装机设备单位装机容量的固定成本；

C_{Vi}为第i类发电装机设备单位发电量的可变燃料成本；

C_{Ei}为第i类发电装机设备单位发电量的环境成本；

Q_i为第i类发电装机设备一定时期内的装机容量；

q_i为第i类发电装机设备在一定时期内的发电量；

t_i为一定时期内第i类发电装机设备平均利用时间；

d_t为一定时期内考虑综合损耗后的总电力需求负荷。

注：关于此类规划问题的详细内容与解法可参考运筹学的相关知识，也可借助MATLAB等软件进行规划求解。

2. 输配电网络规划

根据电压等级和电网功能的不同，电网规划可以划分为输电网络规划和配电网络规划两个部分。目前，我国电力系统常用电压等级有220/380V、6 kV、10 kV、35 kV、110 kV、220 kV、330 kV、500 kV和1 000 kV。根据《城市电力网规定设计规则》规定：输电网为500 kV、330 kV、220 kV和110 kV，高压配电网为110 kV和66 kV，中压配电网为20 kV、10 kV、6 kV，低压配电网为220/380 V。

输电网络规划的任务是根据规划期内电力负荷增长和电源规划方案确定相应的最佳电网结构，以满足经济稳定输送电能的要求。输电网络规划的基本原则是在保证电力安全可靠地输送到负荷中心的前提下，使电网的建设和运行成本最小。输电网络规划是一个复杂的多决策变量与多约束条件下的最优化问题。输电网络

规划有以下基本要求。

(1) 输电线路要留有一定的扩充余地,保障在各种输送方式下都能将电力安全稳定地输送到用户端。

(2) 通过设立较多的电压支撑点,作为特殊情况下备用支撑点,保障电力系统的安全运行。

(3) 为适应电力系统运行的灵活性,网架结构应能够适应正常、事故状态以及高峰低谷时期等多种运行方式。

(4) 保证系统运行的经济性,使电网潮流分布合理,潮流不超过系统线路稳定容量以及热极限等要求,同时实现最小的线损、投资及运行成本。

(5) 便于运行、检修和维护等,检修维护过程中要保障正常的电力供应。

配电网规划是根据规划期间负荷预测的结果和现有网络的基本状况,确定最优的系统建设方案,在满足负荷增长和安全可靠供应电能的前提下,使配电网的建设和运行费用最小。在电力市场化改革过程中,开放售电环节的市场化竞争,允许用户从零售市场上选择他们的供电商或直接从电厂购电。零售竞争的引入,在强化了售电市场竞争的同时重新梳理界定了配电网络的功能,即负责电力从输电网络到最终售电之前的电力配送。

2.3 电力价格

电价的形成机制与电价的结构体系决定了电力市场的公平、公正和高效的运行。电力市场的理论问题集中在电价上,电力从生产到消费的一切行为都可以用价格表示。利用电价在市场环境中的信号作用来调控电力生产与消费,这就是电力市场的核心问题。建设统一开放、竞争有序的电力市场体系,推动电力工业又好又快地发展,需要不断深化电价改革,逐步构建起科学的电价体系与电价机制,充分发挥电力价格对电力工业发展的调节作用。

2.3.1 电力定价模式

在电力市场化不完善的国家,电力价格一般由政府制定。在已经形成电力市场化的国家,电力定价是以市场为主导下的政府管制价格,对电力输配电过程中的垄断环节进行价格管制在各个国家都比较常见。

1. 政府定价

政府主导下的定价方式有直接定价与间接定价两种方式。直接定价,即由政府直接决定电力价格水平;间接定价指政府通过制定相关的电价测算方法或控制电价构成中的一些指标来调整电价水平。行政定价模式作为一种政策工具为政府实施宏观调控提供了便利,但在市场经济背景下行政电价的弊端更多。(1)以行政手段代替市场机制,电力价格的波动不能主动对市场的供求变化做出反应,价格机制的功能丧失。(2)以电力企业生产成本为基础的行政定价机制缺乏透明度和科学性,电力企业的成本信息通常是不对称的,政府本身并非拥有完全的信息保障,很难把握什么才是最有效率的电价水平。(3)行政定价对电力企业无法形成有效的激励,电力企业活力受到压制,电价水平无法正确引导电力投资。(4)行政电价使得电力需求端难以优化,电价水平难以有效引导节能电力消费。

2. 市场定价

电力市场定价,指电力供需双方在电力市场上通过公平竞争形成均衡价格,在动态中实现同网、同质、同价。竞争的价格机制是优化电力投资与需求最有效的手段。

电力市场化过程中,开放发电与售电市场,在发电环节,许多发电公司相互竞争;在售电环节,用户可以选择不同售电公司和零售商的服务,零售商可以通过提供有竞争力的价格和精致的服务以获取市场份额。输电和配电环节则维持其管制条件下的自然垄断状态。对于所有的市场参与者包括发电商、零售商和用户,管制是开放的、非歧视性的。

2.3.2 电力定价方法

各个国家的电力定价方法主要有两种，即会计成本定价方法和经济学定价方法。会计成本定价方法是政府定价模式主要使用的一种方法，它反映过去一段时期内的电力成本，是历史发供电投入成本的复置。经济学定价方法中，边际成本定价法是最基本的一种定价方法。它以电力边际成本为基础，根据单位电力需求增加而引起电力系统供电成本的增加来确定电力价格，能比较科学地反映不同供电电压、不同负荷特性用户的实际供电成本。

1. 会计成本定价

这种定价方式是以财务成本定价为基础。中国电力工业历史上的还本付息电价[①]、经营期电价[②]都属于会计成本电价。其主要定价规则就是成本加收益定价。该定价模式中，价格是以历史成本为基础，再追加一个收益率，收益率的大小通常由政府决定。会计成本定价公式为

$$P = \mathrm{AC} + \mathrm{AC} \cdot S \tag{2.1}$$

其中：P 为电力价格，AC 代表生产单位电力的总平均成本，S 为电力生产的收益率，反映电力投资中资本的平均利润率。

2. 边际成本定价

边际成本是一个重要的经济学概念，指每增加一单位产量所带来的成本的增加量。电力从生产到销售的过程中，主要包含四大类成本的变化：生产成本、输配电成本、销售成本和环境成本，则电力的边际成本结构为

$$\mathrm{MC} = \mathrm{MPC} + \mathrm{MTC} + \mathrm{MUC} + \mathrm{MEC} \tag{2.2}$$

(1) 边际生产成本(MPC)，指发电企业在电力生产过程中最后一单位电力产品所耗费的成本。这里的电力成本主要包括电力设备资本投入成本与发电燃料成

---

① 在我国实行集资办电政策后，对于不依靠政府财政拨款而实行负债建设的电厂(独立经营集资电厂、中外合资电厂等)，根据电厂还本付息需要和核定收益水平所确定的发电上网电价。

② 经营期电价测算方法是在综合考虑电力项目经济寿命周期内各年度的成本和还贷需要的变化情况的基础上，通过计算电力项目每年的现金流量，按照使项目在经济寿命周期内各年度的净现金流量能够满足按项目注册资本金计算的财务内部收益率为条件测算电价的一种方法。

本以及生产过程中的劳动成本。

(2) 边际输配电成本(MTC)。电力从生产到消费过程需要借助于电网进行电力的传输。电网的规划、建设以及后期的维修都需要一定的资本投入,而且电网本身具有自然垄断的特性,在输配电环节无法形成完全开放竞争的局面。电网建设属于资本密集型行业,对借助电网进行的输配电过程中边际成本的衡量比较困难。在此,可以用电网运营的平均成本近似替代其边际成本。平均成本的简单核算公式为

$$\mathrm{AC}=\frac{\mathrm{TC}/n+W}{Q} \tag{2.3}$$

其中:AC 为一定时期内单位电量的输配电成本;

TC 为输配电网络建设过程总固定成本投入;

W 为一定时期内输配电网络的年维修成本;

Q 为一定时期内电网预期年输配电电量;

n 为电网规划预期运行时间(年)。

(3) 边际售电成本(MUC),指售电企业在终端售电过程中最后一单位电力销售所耗费的成本。在电力市场化改革下,售电环节开放竞争,完全竞争的售电市场将有利于形成一个科学的边际售电成本。

(4) 边际环境成本(MEC)。电力虽然是一种清洁高效的二次能源,但是在电力生产过程中却对环境造成了一定的污染,尤其是在火电厂的运行过程中对环境带来了严重的负外部性。这类外部性成本不仅包括电力生产过程中对环境和生态的破坏,还包括任何其他对社会和他人造成的不利影响。当今社会,各个国家对生态环境以及可持续发展等问题的讨论越来越多,在电力定价过程中考虑环境成本因素已经十分必要,但是现实中如何衡量这一环境成本的多少却是一大理论难题。

3. 两部制定价

两部制定价是将容量价格和从量价格合二为一的定价方法。最终电力价格由两部分构成:一是与电力消费量无关的按月或按年支付的基本电价;二是与实际用电量相关的电量电价。基本电价,用来反映电力企业的固定成本。在计算每月基本电费时,以电力用户的用电设备容量进行计算,与用户实际用电量无关。电量电价,反映电力企业的变动成本,在计算时以用户实际用电量进行计算,与用户用电设备容量无关。

两部制电价符合补偿成本与合理确定收益的原则，在一定程度上限制了发电厂商获得超额收益。在这样一种价格模式下，由于每单位用电分摊的固定费用会随着电量增加而减小，因此电力用户面临的单位电价将随着用电量的增加而减少。

4. 分时定价

按系统运行状况，一般可将系统运行时段分为峰、腰、谷三个时段，分时定价是指对高峰负荷用电和非高峰负荷用电收取不同的电价，从而形成峰谷电价。高峰负荷又可以分为每日高峰负荷和季节高峰负荷，因此分时电价又分为每日高峰电价和季节高峰电价。峰谷电价的定价原则一般按照每个时段的平均边际成本进行定价。

采用分时电价进行计费，需要为用户安装按每日时间计量用电数量的精细电表。对每日的高峰时段收取不同的电价理论上更有效率，但操作起来要比对季节高峰收取不同的价格困难得多。因此，为了便于操作又兼顾效率，分时电价的更新周期可以长一些，如按季度或按年。

2.3.3 我国电价现状与存在的问题

我国现行电价体系按环节划分，包括上网电价、输配电价、销售电价以及大用户直购电电价。上网电价主要由政府制定，实行经营期电价、标杆电价、煤电价格联动等形式，此外还有招标电价、跨省区电力交易协商定价等市场定价方式。输配电价分为跨区电网、跨省电网和省际电网三个层次，其中跨区电网、跨省电网实行政府定价和企业内部协商定价，省际电网主要通过购销价差的形式体现。销售电价由政府制定，按用电性质和用途分类，按电压等级分档。大用户直购电电价目前仅有少数试点，采用双边协商定价方式。

目前，我国电价方面存在的问题主要包括以下几个方面。

1. 电价整体水平偏低，不利于节约用电和提高能效

我国煤炭、石油价格已经基本同国际市场接轨，但电价在国际市场上仍处于较低的水平。2010 年我国平均销售电价为 0.605 元/千瓦·时，合 0.089 美元/千瓦·时，同期美国平均电价为 0.097 美元/千瓦·时。相对较低的电价水平，无法有效引导

社会节电意识，电能利用效率不高，电力需求在一定程度上被放大，加剧了电力供应紧张的局面。

2. 电价结构不合理，制约了电网、电源的协调发展

国外输配电价占销售电价的比例平均为40%～60%，我国约为26.8%，明显低于国外水平。2010年我国输配电电价为0.024美元/千瓦·时，不仅低于美国(0.034 5美元/千瓦·时)，也低于巴西、墨西哥等发展中国家。

3. 电价机制不完善，不能真实反映供需关系和生产成本

我国还没有建立起科学的电价形成和传导机制。上网电价和销售电价主要由政府制定，输配电价空间受到上网和销售两头的挤压，已经建立的煤电价格联动机制不够完善。风电等可再生能源标杆上网电价未建立随造价调整的机制。例如随着风机等价格的降低，2011年同2008年相比，风电场综合造价平均下降1 000～2 000元/千瓦，但是风电标杆上网电价并未做出相应的调整。

4. 电价体系和配套政策不健全，不利于非化石能源的发展

我国电价体系缺乏配合大规模风电吸纳的峰谷上网电价和鼓励抽水蓄能电站发展的电价政策。可再生能源附加征收标准偏低，仅满足补贴资金需求额度的70%。在可再生能源发电工程补贴方面，仅考虑了电量就地消纳的接网工程建设运行费用，没有考虑大型可再生能源发电远距离输出，受端电网扩建等因素。用电侧未普遍实行峰谷电价，已经实行的峰谷电价价差偏低，不利于错峰用电对风电的充分消纳。

2.3.4 深化电价改革

我国电价改革的目标是与电力市场化改革进程相适应，构建科学的电价体系和电价机制，发挥价格信号对电力投资、消费和资源配置的引导作用，促进电力工业布局优化、结构调整、科学发展和电力能源资源的清洁高效利用。

深化我国电价改革的思路，是在改进完善既有电价政策和电价机制的基础上，逐步推进竞争环节价格市场化、垄断环节价格规范化，逐步实现由政府定价为主转

向市场定价为主、政府协同定价的定价模式。

（1）发电环节，完善标杆电价和一次能源价格与电价联动机制，建立有利于清洁能源发展要求和反映成本变动情况的可再生能源与综合利用发电上网电价，建立能够反映一次能源价格变化，促进调峰能力建设的煤电、核电、燃气发电上网电价，以及有利于抽水蓄能电站建设的相应电价。长远来看，随着竞争性发电市场的建设，除可再生能源和综合利用发电外，其他发电上网电价均应逐步实现市场定价。

（2）电网环节，逐步建立充分发挥特高压电网技术和经济优势的跨省区输电价格体系和机制，促进大型煤电基地、水电基地、核电基地、风电等可再生能源发电基地的电力集约化开发和外送；理顺跨省区电网与省际电网价格传递关系；完善可再生能源接入系统工程的价格补贴机制，将电动汽车充换电设施投资纳入电网成本。

（3）售电环节，实行有利于大规模利用、可再生利用和节能减排的用户电价体系与电价机制，建立销售电价与上网电价、输配电价的联动关系；逐步解决电价交叉补贴问题；远期随着大用户选择权和售电侧市场的放开，通过采取双边交易、集中竞价等方式，逐步形成较为完善的市场定价机制。

第3章　可再生能源市场研究

3.1　核　　能

3.1.1　核能的概念与特征

1. 核能的概念

核能也是原子能，是通过原子核内部粒子间碰撞反应而释放出的能量。原子由原子核以及围绕在原子核周围旋转的电子构成，原子核则由与电子带电数目相等的质子和中子组成。在释放核能的过程中原子核内部的组织结构发生变化，使一种原子变成另一种原子，由于涉及原子和"基本"粒子等物质及其各部分之间的相互作用，所以核能是一种物理变化，而不是化学变化。

核能分为两种：一种是核聚变能，另一种是核裂变能。核聚变能是由两个或两个以上的轻原子核在一定条件下（如超高温和高压）内部粒子合成一个较重原子核这一反应所释放出的能量，例如氘或氚的原子核结合在一起生成氦，它们的结合过程就是核聚变，所释放出来的能量就是核聚变能。核聚变能具有两大优点，第一，它是一种取之不尽用之不竭的能源，第二核聚变不会产生污染环境的放射性物质，但遗憾的是这一优点要建立在其巨大杀伤性基础之上。

核裂变能与核聚变能反应相反，它是将一个较重的原子核打碎，分裂成较轻的原子核反应过程中释放的能量，但它没有核聚变能强大。例如，一个铀 235 原子核在中子的作用下裂变成两个原子核，这个过程中释放的能量就是核裂变能。铀核裂变的这种原子能释放形式约为 2×10^8 电子伏特（一种能量单位），而碳的燃烧这种化学反应能量仅释放 4.1 电子伏特。

目前对核能的应用主要集中在核武器、核电站以及核动力装置这三方面。由于核聚变反应需要上亿摄氏度的高温，才足以克服两个带正电的氘核之间的巨大排斥力，所以目前实现可以控制的核聚变还有诸多困难，核聚变主要用于制造氢弹。核裂变能主要用于和平民用领域的核电站，此外还在作为动力系统提高装备制造业水平军用领域使用，以促进科技进步。

2. 核能的特征

核能是一种清洁能源。核能与煤、石油等传统能源相比，具有以下特征。

(1) 能量密集，功率高。核能是高度浓集的能源，1 千克铀裂变产生的热量相当于 1 千克标准煤燃烧后产生热量的 270 万倍。这一特点决定了它的运输量小，可以减缓交通运输压力。而且，核电站可建立在最需要用电的地方，不受燃料运输的限制。

(2) 核能的储量丰富，可保障长期利用。核能发电用的是核裂变能，主要燃料是铀。地球上有丰富的铀资源，迄今开发的仅限于陆上铀矿，而海水的含铀量非常丰富，约达 42 亿吨。核能是后备储量最丰富的能源，相当于有机燃料储量的 20 倍。

(3) 在能量储存方面，核能比太阳能、风能等其他新能源容易储存。核燃料的储存占地不大，通常装在核船舶或核潜艇中，并且通常两年才换料一次。相反，烧重油或烧煤设备需庞大的储存罐或占地很大。

(4) 核能相对来说比较清洁，不会产生二氧化碳。核能相较于煤炭、石油等传统能源而言，在转化为热能的过程中不是采用传统的燃烧方式释放热量，而是由核反应完成。在整个反应过程中，并没有任何污染物向外界环境排放，而不像燃烧产生热量伴生大量的废气，核能因而不会产生大气污染和温室效应。目前在全球限制温室气体的大环境下，核能的发展几乎被认为是兼顾发展经济和减少温室气体排放的唯一途径。

(5) 核电相对火电来说成本较低。据测算，火电厂的燃料费约占发电成本的 40%～60%，而核电厂的燃料费则只占 20%～30%。经验证明，由于燃料费和运输费较低,核电厂的发电成本要比火电厂低 15%～50%。而且随着核电站的技术不断完善和提高,成本还将继续降低。

3.1.2 核能的广泛用途及发展趋势

核能的最大用途就是生产电力,世界上有 16%的电是由核电站生产的。现在世界上许多国家,特别是工业国家几乎都用核能发电。发展中国家人口众多,但他们只有 3.9%的电力是核能发电。与人口和耗电量相比,发展中国家的核电站实在太少。随着石油、天然气和煤炭这些化石燃料的需求缺口越来越大,核电站建设必将在发达国家和发展中国家具有更为重要的地位。

核技术的发展使医学也越来越受益,许多病症需要用放射性物质来治疗和预防。如核放射和核药物对确诊和治疗癌症就有很大的功效。科学家们制造了各种核放射仪器,用其确诊脑癌、肠癌、前列腺癌和乳腺癌。这些机器对医生能对症下药提供了很大的帮助。此外,核放射物还能确诊传染病、关节炎、贫血等病症。

核技术对食品的影响也越来越大。如有些容易腐坏的食品,通过核放射物处理就不易腐坏。与此同时,专家们利用核技术消灭食物和植物中的病毒和细菌,从而延长食物的有效期。核技术对食品的另一益处是改变植物基因,培育农业良种,提高农作物质量和产量。

核技术还可以用于其他重要事务,如在核技术的帮助下,可以勘探地下水源,寻找地下宝藏,并且在核技术的帮助下发现水坝受损或水坝渗水。

我国十分重视核能的开发利用,在国家高技术研究发展计划(863 计划)中,能源领域研制开发了三种先进反应堆,它们是快中子堆、高温气冷堆、聚变-裂变混合堆。目前,核裂变能已经为人类提供了总能耗的 6%的能源。而当将来利用轻原子核的聚变反应产生的核聚变能应用到工业后,人类将从根本上解决能源紧张的问题。核聚变的原料是海水中的氘(重氢)。尽管海水里的氘只占海水的 0.015%,但由于地球上有丰富的海水,每升海水中所含的氘通过核聚变反应产生相当于 300 升汽油燃烧所放出的能量,所以可利用的核聚变材料几乎是取之不尽、用之不竭的。这些氘通过核聚变释放的聚变能,可供人类在很高的消费水平下使用 50 亿年。而且,核聚变能是更为清洁的能源。当前,科学家正在为此而不懈地努力。

从世界范围看,1986 年以来,在世界核能界采取了一系列有效措施来提高核电的安全水平和经济性能，包括引入核安全文化的理念，修订和完善核安全法规，改进安全系统的设计，加强安全监督和外部评价机制，提倡业界公开透明、运行经验共享，重视对核电厂组织机构的优化和人员素质的提高等。全球的 440 多台运行核电机组近二十年来没有发生任何严重的核事故，良好的运行业绩再次向世界表明，核电是安全、清洁的能源，核电在能源结构中的地位不断加强，核电正在世界范围内迎来新的发展机遇。

3.1.3　核能的利用特性

1. 核能的优势

通过与常规能源特别是煤炭、石油、天然气的比较，我们可以知道核能是浓集、清洁、安全和经济的能源，是对环境友善的能源。

首先，核能是高度浓集的能源，核电站可建立在最需要用电的地方，不受燃料运输的限制。1 千克铀裂变产生的热量相当于 1 千克标准煤燃烧后产生热量的 270 万倍。因此，核电站特别适合于缺乏常规能源而又急需用电的地区，如我国的东南、华南地区。核能是后备储量最丰富的能源，铀在地球上的储量相当丰富，等于有机燃料储量的 20 倍。

核能是清洁的能源，有利于保护环境。目前，世界上 80%的电力来自烧煤或烧油的火力发电站，燃烧后的烟气排放到大气中严重污染环境，相同规模的火电站释放出物质的放射性比核电站大几倍。煤燃烧后排放的一氧化碳、二氧化碳、硫化氢和苯化合物，容易形成酸性雨，使土壤酸化，水源酸度上升，对植物及水产资源造成有害影响，破坏生态平衡，苯化合物还是一种强致癌物质。一个成年人每天要呼吸约 14 千克的空气，火电站污染造成的死亡概率是相同规模核电站的 400 倍。同时大气中二氧化碳浓度增加还导致大气层的“温室效应”。另外，煤和石油又是重要的化工原料，大量烧掉不仅不利于化学工业的发展，同时也非常浪费。

核能是安全的能源。经过几十年的发展和完善，核电站已成为最安全的部门之一，我国核工业 30 多年的安全记录就是良好的佐证。三里岛事故之前，全世界商用核电站已运行了 1 400 堆年，三里岛事故后到 1986 年又安全运行了 2 000 堆年以上。三里岛事故是鉴于设计、管理、操作与设备的缺陷交织在一起而造成的十分罕见的事故，只要其中任何一个环节的问题得到排除，就不可能出现这样的后果。事故后果也没有舆论宣传的那样严重，事故中的主要安全系统全都自动投入，有专家认为这从反面证实了核电站的安全性。1986 年 4 月苏联切尔诺贝利核电站又出现了重大事故，专家们认为苏联特别是早期的核电站，安全设施较差，没有安全壳。而事故的直接原因是在进行某一试验时违反操作规程，导致信号指示和控制系统没有起作用。如今国际原子能机构和各国的国家安全部门都建立了一系列的安全法规和准则，对核电站的安全进行了严格的管理。特别指出的是，我国 1989 年 11 月建成的由清华大学核研院设计的 5 兆瓦低温核供热反应堆，是世界上第一座投入运行的核供热堆，也是世界上第一堆采用新型水力驱动燃料控制棒系统的核反应堆。这种反应堆设计有压力壳和安全壳，具有双重安全屏障，安全可靠，未发生任何事故。据监测，5 兆瓦低温堆向大气中排放出的放射性物质所造成的危害，只相当于吸一支香烟所造成的危害强度的 1/400，放射性污染是极其微小的。

核能也是经济的能源。世界上已运行核电站的经验证明，尽管它的造价比火电站高 30%～50%，但由于燃料费和运输费较低，它的发电成本仍比火电约低 30%，而且随着核电站的技术不断完善和提高，成本还将继续降低。日本能源经济研究所预测，至 2010 年日本的核电成本为 8.9 日元/千瓦·时，而煤电和油电成本分别为 10.45 日元/千瓦·时和 13.06 日元/千瓦·时，因此，有专家预计，在未来的城市集中供热工程中，逐步采用低温核供热技术是必然趋势。

事实证明，用核电站代替火电厂，能大大改善环境质量。核电站是人类的朋友，也是环境的朋友。正如国际原子能机构总干事巴拉迪在“核电 50 年——核电未来 50 年”会议上所说，“我们越关注未来，就越期望更多的国家能考虑发展核能具有的潜在利益，核能对全球环境的改善和经济增长都有益处。”国务院 2005 年召开的核电发展工作会议指出“核电是一种清洁安全、技术成熟、供应能力强的发电方式”，加快核电发展的时机已经成熟。按照规划，到 2020 年我国核电装机容量占我国发电总量的比例将达到 4%，这就意味着从现在开始的 15 年，中国要建 30 座百万千瓦级的核电站。

2. 核能利用可能存在的风险

任何一项新技术的应用在给人类带来巨大利益的同时，必然也伴随着一定的危害和风险，问题的关键在于如何把危害和风险限制在尽可能低的水平，从而达到可被人们普遍接受。这不仅与技术发展水平、社会和经济发展程度有关，而且还受人们的传统观念、心理状态、知识结构、习惯势力等多种因素的影响。

对核电所具有的潜在危害的认识，同样也受到上述因素的影响。

核能具有极大的能量，如果利用不当或被非法利用，必将对环境产生巨大的破坏性。特别是美国三里岛核事故和苏联切尔诺贝利核电站发生爆炸事故，“核恐怖”给人们心理上留下阴云。核能对环境和人体健康的危害可分为以下几个方面。

（1）放射性污染。

放射性污染是指因人类的生产、生活活动排放的放射性物质，使环境中的放射水平改变，从而危害人体健康的现象。

放射性污染源除来自天然放射性物质之外，主要来自原子能工业各种放射性废物，如核反应堆的“三废”、核子原料的开采和冶炼、核燃料的后处理等；其次是核试验沉降物和核动力舰船排放物；第三是放射性同位素的生产和应用，如医疗、工业、科学研究和日常生活使用的放射性物质，X射线、发光涂料、彩色电视机、含铀釉的陶瓷制品、含钍建筑材料等。

放射性污染最现实的危害在人们的身边。如医院的X射线和放射治疗，夜光手表、电视机、建筑材料和煤炭中都有放射性物质，其辐射强度虽然很小，但可以逐渐产生作用。

（2）核事故与核事件。

核事故包括核设施或核活动引起或可能引起放射性物质释放，已经造成或可能造成具有辐射安全重要影响的释放事故。具体包括核泄漏、核爆炸、核材料丢失等。

国际核事件分级表（INES）是用统一的术语向公众快速通报核设施所发生事件的安全重要性的一种工具。通过对这些事件的正确审视，它能够为核工业界、媒体和公众之间形成共同理解提供便利。

分级表由国际原子能机构和经济合作与发展组织核能机构于1989年共同召集的一个国际专家组设计，反映了从法国和日本使用类似分级表以及其他国家对可能分级表的考虑所获取的经验。这个分级表最初在试验期内用于核电厂事件分级，其后扩展并修改以使其能够适用于民用核工业相关的所有设施。

分级表现在在全世界60个以上的国家内成功运作。

分级表将事件分为7级：较高的级别（4～7级）被称为“事故”；较低的级别（1～3级）为“事件”。不具有安全意义的事件被归类为分级表以下的零级，定位

“偏离”。与安全无关的事件被定为“分级表以外”。

(3) 核武器。

核能之所以引起世人的瞩目首先是因为它作为武器的身份，1945 年两颗原子弹先后在日本广岛和长崎爆炸，并在刹那间将这两座城市夷为平地，30 万生命化作枯骨，广岛和长崎成为人类历史上仅有的两次以人类为攻击目标的核爆炸的牺牲品，而爆炸所引起的危害至今仍然存在，人们领略到核能作为武器对于环境的巨大破坏力。核(军备)试验、核威胁、核震慑不仅仅危害着人类的和平，更对人类居住的整个地球环境造成巨大的压力。

核武器是指所有含有或被设计为含有，使用核燃料或放射性同位素，通过爆炸或其他非控制的核裂变或核聚变，或通过核燃料，或放射性同位素的放射现象，足以造成大规模毁灭、普遍损害或大量中毒的武器。核武器主要包括原子弹与氢弹，它们利用重原子核(如铀－235 和钚－239)裂变，或轻原子核(如氘、氚)聚变时释放的巨大能量和冲击波来杀伤敌人，毁灭武器装备和军事设施。核武器爆炸产生的能量非常大，如 1 千克铀－235 全部裂变时放出的能量，约相当于 2 吨 TNT 炸药爆炸的威力；1 千克氘完全聚变放出的能量，约等于 5.7 万吨 TNT 爆炸的威力。

核爆炸一瞬间能产生穿透力很强的核辐射，而且在爆炸后留下很多继续发射的污染物，其中一部分在高层大气中长期停留，随后缓慢地向全球扩散并散落到全世界各个地区。核武器试验产生的这类放射性“落下物”，成了环境放射性污染的最重要来源之一。

核武器成为世界上一切爱好和平的人们声讨的焦点，和平利用核能才是人类正确的选择。不应该因为某些国家滥用核技术，而否认和平利用核能的核技术对造福于人类的积极作用。

核能，由于很多人对它还不甚了解，而受到一些不公正的对待，总觉得它会污染环境，会给人们的生活带来损害。但是，人们对待风险的态度有两点却是公认的：其一，一个新系统进入社会生活，它所带来的社会风险应远远低于社会现有风险水平；其二，它为社会带来的利益越大，允许带来的风险也越大。其实，正确认识而不是回避或缩小核能的风险性，才能真正对核能进行推广应用，才能使公众不为“核恐怖”所迷惑。核安全法律的制定和严格实施是降低核能利用风险，使核能造福于人类的必要措施。

3.1.4　核能的产生和发展概况

1896 年，法国物理学家贝克勒尔通过大量实验，发现了铀的放射性。1902 年，居里夫人提炼出了另一种放射性元素镭。在居里夫人发现镭以后不久，物理学家卢瑟福就指出，放射性元素在释放看不见的射线后，会变成别的元素，在这个过程中，原子的质量会有所减轻。爱因斯坦于 1905 年提出相对论时指出，物质的质量和能量是同一事物的两种不同形式，质量可以消失，但同时会产生能量。两者之间有一定的定量关系：转化成的能量 E 等于损失的质量 m 乘以光速 c 的平方，即 $E=mc^2$。当较重的原子核转变成较轻的原子核时会发生质量亏损，损失的质量转换成巨大的能量，这就是核能的本质。

1938 年，德国科学家奥托·哈恩和他的助手斯特拉斯曼在法国科学家约里奥—居里夫人的实验基础上，发现了核裂变现象。裂变反应释放的核能叫作核裂变能。如果加以人为的控制，可以使核能缓慢地释放出来，实现这种过程的设备叫作核反应堆。1942 年 12 月 2 日，世界上第一座人工核反应堆在美国芝加哥大学启动运行成功。虽然从反应堆发出的功率只有 0.5 瓦（后来达到 200 瓦），还不足点亮一盏灯，但其意义非同小可，它标志着人类从此进入了核能时代。

1945 年 7 月 16 日，科学家聚集在新墨西哥州的聚尼堤实验点，目睹了世界上第一件核武器的威力。爆炸所释放的能量相当于 20 000 吨 TNT 炸药能量的总和。1954 年 6 月 26 日，在苏联莫斯科附近的奥勃宁斯克镇，世界第一座核电站首次连接到电网为当地居民和工业供电。从此，核能技术应用分成军用和民用两大部分。

核能发电在 20 世纪 70 年代至 80 年代早期发展迅速。从 1970 年至 1975 年，核电装机容量每年以 30％的速度增长。截止到 1987 年，世界核发电量占到全球总发电量的 16％。

核能发电在 20 世纪 80 年代后期发展缓慢，制约核电发展的因素很多，包括环境保护者的反对，高利率，1973 年和 1979 年石油震荡引起的能源消耗下降，以及受到 1979 年美国三里岛和 1986 年苏联切尔诺贝利两起核事故的影响。三里岛核事故是核能民用的第一次重大核事故，虽然没有对公众和环境产生放射性影响，但是增强了公众对核能发电的反对，同时巨大的经济损失打击了新核电项目的投资。

切尔诺贝利核事故比三里岛事故严重得多。这起事故进一步增强了社会对核能发电的反对,也使得苏联停止了进一步扩大核电发展。核能发电的世界发展速度就降低到同其他综合电力使用速度一样的地步。这样,1987 年以后世界核电比重就平稳保持在 16%左右。

近几年来,随着世界能源需求的增长,矿石燃料逐渐耗尽,世界气候变暖以及再生能源技术尚未成熟,包括美国、法国、俄罗斯、日本、加拿大等发达国家,以及绝大多数发展中国家和东欧经济转型国家,把核电作为今后重要的能源选择之一,正在积极建造新的核电机组或开发新的核电技术。

3.2 风　　能

风能作为一种无污染和可再生的新能源有着巨大的发展潜力,特别是对沿海岛屿,交通不便的边远山区,地广人稀的草原牧场,以及远离电网和近期内电网还难以达到的农村、边疆,作为解决生产和生活能源的一种可靠途径,有着十分重要的意义。即使在发达国家,风能作为一种高效清洁的新能源也日益受到重视。

3.2.1 风能的概念

风能是因空气流做功而提供给人类的一种可利用的能量,属于可再生能源(包括水能、生物能等)。空气流具有的动能称风能。空气流速越高,动能越大。人们可以用风车把风的动能转化为旋转的动作去推动发电机,以产生电力,方法是透过传动轴,将转子(以空气动力推动的扇叶组成)的旋转动力传送至发电机。到 2008 年为止,全世界以风力产生的电力约有 94.1 百万千瓦,供应的电力已超过全世界用量的 1%。风能虽然对大多数国家而言还不是主要的能源,但在 1999 年到 2005 年之间已经增长了 4 倍以上。

当今利用涡轮叶片将气流的机械能转为电能而成为发电机。在古代则利用风车将收集到的机械能用来磨碎谷物和抽水。

风力被使用在大规模风农场和一些供电被隔绝的地点,为当地的生活和发展做出了巨大的贡献。

3.2.2 风能的优缺点

风能具有丰富、近乎无尽、广泛分布、干净与缓和温室效应的优点。风能存在于地球表面一定范围内。经过长期测量、调查与统计得出的平均风能密度的概况，称该范围内能利用的依据，通常以能密度线标示在地图上。

风能为洁净的能量来源。风能设施日趋进步，生产量大，成本较低，在适当地点，风力发电成本已低于其他发电机。风能设施多为立体化设施，可保护陆地和生态。风力发电是可再生能源，很环保，很洁净。

风力发电在生态上的问题是可能干扰鸟类，如美国堪萨斯州的松鸡在风车出现之后已渐渐消失。目前的解决方案是离岸发电，离岸发电价格较高但效率也高。在一些地区风力发电的经济性不足：许多地区的风力有间歇性，更糟糕的情况，如台湾等地在电力需求较高的夏季及白日是风力较少的时间，必须等待压缩空气等储能技术发展。风力发电需要大量土地兴建风力发电场，才可以生产出比较多的能源。进行风力发电时，风力发电机会发出庞大的噪音，所以要找一些空旷的地方来兴建。现在的风力发电还未成熟，还有相当大的发展空间。

风能利用存在一些限制及弊端：风速不稳定，产生的能量大小不稳定；风能利用受地理位置限制严重；风能的转换效率低；风能是新型能源，相应的使用设备也不是很成熟。在地势比较开阔，障碍物较少的地方或地势较高的地方适合用风力发电。

3.2.3 我国风能的资源分布与开发潜能

1. 我国风能的资源分布

我国位于亚洲大陆东部，濒临太平洋，季风强盛，内陆还有许多山系，地形复杂，加之青藏高原耸立我国西部，改变了海陆影响所引起的气压分布和大气环流，增加了我国季风的复杂性。冬季风来自西伯利亚和蒙古等中高纬度的内陆，那里空气十分严寒干燥，冷空气积累到一定程度，在有利高空环流引导下，就会爆发南下，俗称寒潮，在此频频南下的强冷空气控制和影响下，形成寒冷干燥的西北风侵袭我国北方各省（直辖市、自治区）。每年冬季总有多次大幅度降温的强冷空气南下，主要影响我国西北、东北和华北地区，直到次年春夏之交才消失。夏季风是来自太平洋的东南风、印度洋和南海的西南风，东南季风影响遍及我国东半壁，西南季风则影响西南各省和南部沿海，但风速远不及东南季风大。热带风暴是太平洋西部和南海热带海洋上形成的空气涡漩，是破坏力极大的海洋风暴，每年夏秋两季频繁侵袭我国，登陆我国南海之滨和东南沿海，热带风暴也能在上海以北登陆，但次数很少。

酒泉市现已建设中国第一个千万千瓦级超大型风电基地，是中国最重要的风电基地。

青藏高原地势高亢开阔，冬季东南部盛行偏南风，东北部多为东北风，其他地区一般为偏西风，夏季大约以唐古拉山为界，以南盛行东南风，以北为东至东北风。我国幅员辽阔，陆疆总长达约 2 万千米，还有约 1.8 万千米的海岸线，边缘海中有岛屿约 5 000 个，风能资源丰富。我国现有风电场场址的年平均风速均达到 6 m/s 以上。一般认为，可将风电场风况分为三类：年平均风速 6 m/s 以上时为较好；7 m/s以上为好；8 m/s 以上为很好。可按风速频率曲线和机组功率曲线，估算国际标准大气状态下该机组的年发电量。我国相当于 6 m/s 以上的地区，在全国范围内仅仅限于较少数几个地带。就内陆而言，大约仅占全国总面积的 1/100，主要分布在长江到南澳岛之间的东南沿海及其岛屿，这些地区是我国最大的风能资源区以及风能资源丰富区，包括山东、辽东半岛、黄海之滨，南澳岛以西的南海沿海、海南岛和南海诸岛，内蒙古从阴山山脉以北到大兴安岭以北，新疆达坂城，阿拉山口，河西走廊，松花江下游，张家口北部等地区以及分布各地的高山山口和山顶。

2. 我国风能的开发潜能

中国 10 m 高度层的风能资源总储量为 32.26×10^{8} kW，其中实际可开发利用的风能资源储量为 2.53×10^{8} kW。

东南沿海及其附近岛屿是风能资源丰富地区，有效风能密度大于或等于 200 W/m^2 的等值线平行于海岸线；沿海岛屿有效风能密度在 300 W/m^2 以上，全年中风速大于或等于 3 m/s 的时数约为 7 000～8 000 h，大于或等于 6 m/s 的时数为 4 000 h。

酒泉市、新疆北部、内蒙古也是中国风能资源丰富地区，有效风能密度为200～300 W/m^2，全年中风速大于或等于 3 m/s 的时数为 5 000 h 以上，全年中风速大于或等于 6 m/s 的时数为 3 000 h 以上。

黑龙江、吉林东部、河北北部及辽东半岛的风能资源也较好，有效风能密度在 200 W/m^2 以上，全年中风速大于和等于 3 m/s 的时数为 5 000 h，全年中风速大于和等于 6 m/s 的时数为 3 000 h。

青藏高原北部有效风能密度在 150～200 W/m^2 之间，全年风速大于和等于 3 m/s的时数为 4 000～5 000 h，全年风速大于和等于 6 m/s 的时数为 3 000 h；但青藏高原海拔高、空气密度小，所以有效风能密度也较低。

云南、贵州、四川、甘肃(除酒泉市)、陕西南部、河南、湖南西部、福建、广东、广西的山区及新疆塔里木盆地和西藏的雅鲁藏布江，为风能资源贫乏地区，有效风能密度在 50 W/m^2 以下，全年中风速大于和等于 3 m/s 的时数在 2 000 h 以下，全年中风速大于和等于 6 m/s 的时数在 150 h 以下，风能潜力很低。

3.2.4　风能的产生和发展概况

1. 风能发展概述

人类利用风能的历史可以追溯到公元前。古埃及、中国、古巴比伦是世界上最早利用风能的国家之一。公元前利用风力提水、灌溉、磨面、舂米，用风帆推动船舶前进。到了宋代更是中国应用风车的全盛时代，当时流行的垂直轴风车，一直沿用至今。在国外，公元前 2 世纪，古波斯人就利用垂直轴风车碾米。10 世纪伊斯兰人用风车提水，11 世纪风车在中东已获得广泛的应用。13 世纪风车传至欧洲，14 世纪已成为欧洲不可缺少的原动机。在荷兰风车先用于莱茵河三角洲湖地和低湿地的汲水，以后又用于榨油和锯木。只是由于蒸汽机的出现，才使欧洲风车数目急剧下降。由于石油短缺，现代化帆船在近代得到了极大的重视。

数千年来，风能技术发展缓慢，也没有引起人们足够的重视。但自 1973 年世界石油危机以来，在常规能源告急和全球生态环境恶化的双重压力下，风能作为新能源的一部分才重新有了长足的发展。

美国早在 1974 年就开始实行联邦风能计划。其内容主要是：评估国家的风能资源；研究风能开发中的社会和环境问题；改进风力机的性能，降低造价；主要研究为农业和其他用户用的小于 100 kW 的风力机；为电力公司及工业用户设计的兆瓦级的风力发电机组。美国已于 20 世纪 80 年代成功地开发了 100、200、2 000、2 500、6 200、7 200 kW 的 6 种风力机组。目前美国已成为世界上风力机装机容量最多的国家，超过 2×10^4 MW，每年还以 10%的速度增长。

目前世界上最大的新型风力发电机组已在夏威夷岛建成运行，其风力机叶片直径为 97.5 m，重 144 t，风轮迎风角的调整和机组的运行都由计算机控制，年发电量达 1000 万 kW·h。根据美国能源部的统计至 1990 年美国风力发电已占总发电量的 1%。在瑞典、荷兰、英国、丹麦、德国、日本、西班牙，也根据各自国家的情况制定了相应的风力发电计划。如瑞典 1990 年风力机的装机容量已达 350 MW，年发电 10×10^8 kW·h。

丹麦在 1978 年即建成了日德兰风力发电站，装机容量 2 000 kW，三片风叶的扫掠直径为 54 m，混凝土塔高 58 m，预计到 2005 年电力需求量的 10%将来源于风能。德国 1980 年就在易北河口建成了一座风力电站，装机容量为 3 000 kW，到 20 世纪末风力发电也将占总发电量的 8%。英国，英伦三岛濒临海洋，风能十分丰富，政府对风能开发也十分重视，到 1990 年风力发电已占英国总发电量的 2%。在日本，1991 年 10 月轻津海峡青森县的日本最大的风力发电站投入运行，5 台风力发电机可为 700 户家庭提供电力。

中国风力机的发展，在 20 世纪 50 年代末是各种木结构的布篷式风车，1959 年仅江苏省就有木风车 20 多万台。到 60 年代中期主要是发展风力提水机。70 年代中期以后风能开发利用列入“六五”国家重点项目，得到迅速发展。进入 80 年代中期以后，中国先后从丹麦、比利时、瑞典、美国、德国引进一批中、大型风力发电机组。在新疆、内蒙古的风口及山东、浙江、福建、广东的岛屿建立了 8 座示范性风力发电场。1992 年装机容量已达 8 MW。新疆达坂城的风力发电场装机容量已达 3 300 kW，是全国目前最大的风力发电场。至 1990 年年底全国风力提水的灌溉面积已达 2.58 万亩。1997 年新增风力发电 10×10^4 kW。目前中国已研制出 100 多种不同型式、不同容量的风力发电机组，并初步形成了风力机产业。尽管如此，与发达国家相比，中国风能的开发利用还相当落后，不但发展速度缓慢而且技术落后，远没有形成规模。在进入 21 世纪时，中国应在风能的开发利用上加大投入力度，使高效清洁的风能在中国能源的格局中占有应有的地位。

2. 当代主要国家风能发展特征

在美国，风能产业最繁盛的当属得克萨斯州，这里已经拥有了 1.24×10^4 MW

的风电装机量。风能对该州电网的贡献也与日俱增。

中国，在 2010 年已经实现超越美国的风电产能，成为世界规模最大的风能生产国。中国还计划新增 39 MW 的海上风电开发规模。

此外，在亚洲其他地区，风力发电项目也都在如火如荼地进行。如巴基斯坦，2013 年的风电装机总量比 2012 年增加 1 倍，增至 100 MW，随着 2014 年上线的两个 50 MW 的风能项目落实，装机总量将会再翻一番。同样，泰国也在 2013 年使本国风电装机总量增加 1 倍，达到 220 MW。而菲律宾在 2014 年竣工的 7 个项目，把该国的风电装机产能扩大到了 450 MW，比 2013 年增长达 13 倍之多。

可见，全球风能产业将再次迎来发展的热潮，甚至创造出新的纪录。

3.3 太 阳 能

3.3.1 太阳能的基础知识

太阳能是指太阳的热辐射能，主要表现就是常说的太阳光线。在当今一般用作发电或者为热水器提供能源。自地球上有生命诞生以来，就主要以太阳提供的热辐射能生存，而自古人类也懂得以阳光晒干物件，并作为制作食物的方法，如制盐和晒咸鱼等。在化石燃料日趋减少的情况下，太阳能已成为人类使用能源的重要组成部分，并不断得到发展。太阳能的利用有光热转换和光电转换两种方式，太阳能发电是一种新兴的可再生能源。广义上的太阳能也包括地球上的风能、化学能、水能等。

1. 太阳能的技术原理

太阳能是由太阳内部氢原子发生氢氦聚变释放出巨大核能而产生的，来自太阳的辐射能量。人类所需能量中的绝大部分都直接或间接地来自太阳。植物通过光合作用释放氧气、吸收二氧化碳，并把太阳能转变成化学能在植物体内贮存下来。煤炭、石油、天然气等化石燃料也是由古代埋在地下的动植物经过漫长的地质年代演变形成的一次能源。地球本身蕴藏的能量通常指与地球内部的热能有关的能源和与原子核反应有关的能源。

与原子核反应有关的能源正是核能。原子核的结构发生变化时能释放出大量的能量,称为原子核能,简称核能,俗称原子能。它来自地壳中储存的铀、钚等发生裂变反应时的核裂变能资源,以及海洋中贮藏的氘、氚、锂等发生聚变反应时的核聚变能资源。这些物质在发生原子核反应时释放出能量。目前核能最大的用途是发电。此外,还可以用作其他类型的动力源、热源等。

太阳能是太阳内部连续不断的核聚变反应过程产生的能量。地球轨道上的平均太阳辐射强度为 1 369 W/m^2。地球赤道周长为 40 076 km,从而可计算出,地球获得的能量可达 173 000 TW。在海平面上的标准峰值强度为 1 kW/m^2,地球表面某一点 24 h 的年平均辐射强度为 0.20 kW/m^2,相当于有 102 000 TW 的能量。

尽管太阳辐射到地球大气层的能量仅为其总辐射能量的 22 亿分之一,但已高达 173 000 TW,也就是说太阳每秒钟照射到地球上的能量就相当于 500 万吨煤的能量,每秒照射到地球的能量则为 4.994×10^{10} J。地球上的风能、水能、海洋温差能、波浪能和生物质能都是来源于太阳,即使是地球上的化石燃料(如煤、石油、天然气等)从根本上说也是远古以来贮存下来的太阳能,所以广义的太阳能所包括的范围非常大,狭义的太阳能则限于太阳辐射能的光热、光电和光化学的直接转换。

2. 太阳能的主要分类

太阳能主要分为光伏和光热两大类。

(1) 光伏。光伏板组件是一种暴露在阳光下便会产生直流电的发电装置,由几乎全部以半导体物料(例如硅)制成的固体光伏电池组成。简单的光伏电池可为手表以及计算机提供能源,较复杂的光伏系统可为房屋提供照明以及交通信号灯和监控系统,并入电网供电。光伏板组件可以制成不同形状,而组件又可连接,以产生更多电能。天台及建筑物表面均可使用光伏板组件,甚至被用作窗户、天窗或遮蔽装置的一部分,这些光伏设施通常被称为附设于建筑物的光伏系统。

(2) 光热。现代的太阳热能科技将阳光聚合,并运用其能量产生热水、蒸气和电力。除了运用适当的科技来收集太阳能外,建筑物亦可利用太阳的光和热能,方法是在设计时加入合适的装备,例如,巨型的向南窗户或使用能吸收及慢慢释放太阳热力的建筑材料。

3. 太阳能的基本特点

太阳能的优点主要体现在以下四个方面。

(1) 普遍。太阳光普照大地,没有地域的限制。无论陆地或海洋,无论高山或岛屿,处处皆有,可直接开发和利用,便于采集,且无须开采和运输。

(2) 无害。开发利用太阳能不会污染环境,它是最清洁能源之一,在环境污染越来越严重的今天,这一点是极其宝贵的。

(3) 巨大。每年到达地球表面上的太阳辐射能约相当于130万亿吨煤的能源,其总量属现今世界上可以开发的最大能源。

(4) 长久。由太阳产生的核能速率估算,氢的贮量足够维持上百亿年,而地球的寿命也约为几十亿年,从这个意义上讲,可以说太阳的能量是用之不竭的。

太阳能的缺点主要体现在以下三个方面。

(1) 分散性。到达地球表面的太阳辐射的总量尽管很大,但是能流密度很低。平均说来,北回归线附近,夏季在天气较为晴朗的情况下,正午时太阳辐射的辐照度最大,在垂直于太阳光方向1平方米面积上接收到的太阳能平均有1 000 W左右;若按全年日夜平均,则只有200 W左右。而在冬季大致只有这个数值的一半,阴天一般只有1/5左右,这样的能流密度是很低的。因此,在利用太阳能时,想要得到一定的转换功率,往往需要面积相当大的一套收集和转换设备,造价较高。

(2) 不稳定性。由于受到昼夜、季节、地理纬度和海拔高度等自然条件的限制以及晴、阴、云、雨等随机因素的影响,所以,到达某一地面的太阳辐照度既是间断的,又是极不稳定的,这给太阳能的大规模应用增加了难度。为了使太阳能成为连续、稳定的能源,从而最终成为能够与常规能源相竞争的替代能源,就必须很好地解决蓄能问题,即把晴朗白天的太阳辐射能尽量贮存起来,以供夜间或阴雨天使用,但蓄能技术也是太阳能利用中较为薄弱的环节之一。

(3) 效率低和成本高。太阳能利用的发展水平,有些方面在理论上是可行的,技术上也是成熟的。但有的太阳能利用装置,因为效率偏低,成本较高,目前的实验室利用效率也不超过30%,总的来说,经济性还不能与常规能源相竞争。在今后相当一段时期内,太阳能利用的进一步发展,主要受到经济性的制约。

3.3.2 太阳能的应用领域

太阳能既是一次能源，又是可再生能源。它资源丰富，既可免费使用，又无须运输，对环境无任何污染，为人类创造了一种新的生活形态，使社会及人类进入一个节约能源减少污染的时代。太阳能的利用目前还不是很普及，利用太阳能发电还存在成本高、转换效率低的问题，但是太阳能电池在为人造卫星提供能源方面得到了应用。人类依赖这些能量维持生存，其中包括所有其他形式的可再生能源（地热能资源除外），虽然太阳能资源总量相当于人类所利用的能源的一万多倍，但太阳能的能量密度低，而且它因地而异，因时而变，这是开发利用太阳能面临的主要问题。太阳能的这些特点会使它在整个综合能源体系中的作用受到一定的限制。太阳能主要包括如下的应用领域。

（1）光热利用。它的基本原理是将太阳辐射能收集起来，通过与物质的相互作用转换成热能加以利用。目前使用最多的太阳能收集装置，主要有平板型集热器、真空管集热器、陶瓷太阳能集热器和聚焦集热器（槽式、碟式和塔式）等 4 种。通常根据所能达到的温度和用途的不同，而把太阳能光热利用分为低温利用（＜200℃）、中温利用（200～800℃）和高温利用（＞800℃）。目前低温利用主要有太阳能热水器、太阳能干燥器、太阳能蒸馏器、太阳能采暖（太阳房）、太阳能温室、太阳能空调制冷系统等，中温利用主要有太阳灶、太阳能热发电聚光集热装置等，高温利用主要有高温太阳炉等。

（2）发电利用。太阳能的大规模利用是用来发电。利用太阳能发电的方式有多种，常用的主要有以下两种。一种为“光—热—电”转换。即利用太阳辐射所产生的热能发电。一般是用太阳能集热器将所吸收的热能转换为工质的蒸汽，然后由蒸汽驱动汽轮机带动发电机发电。前一过程为“光—热”转换，后一过程为“热—电”转换。另一种为“光—电”转换。其基本原理是利用光生伏特效应将太阳辐射能直接转换为电能，它的基本装置是太阳能电池。

（3）光化利用。这是一种利用太阳辐射能直接分解水制氢的光—化学转换方式。它包括光合作用、光电化学作用、光敏化学作用及光分解反应。第一，光化转换就是因吸收光辐射导致化学反应而转换为化学能的过程。其基本形式有植物的光合作用和利用物质化学变化贮存太阳能的光化反应。第二，植物靠叶绿素把光能转化成化学能，实现自身的生长与繁衍，若能揭示光化转换的奥秘，便可实现人造叶绿素发电。太阳能光化转换的技术正在积极探索、研究中。第三，通过植物的光合作用来实现将太阳能转换成为生物质的过程。

(4) 燃油利用。从 2011 年 6 月开始，欧盟利用太阳光线提供的高温能量，以水和二氧化碳作为原材料，致力于“太阳能”燃油的研制生产。截至目前，研发团队已在世界上首次成功实现实验室规模的可再生燃油全过程生产，其产品完全符合欧盟的飞机和汽车燃油标准，无须对飞机和汽车发动机进行任何调整改动。

3.3.3　太阳能的产生和发展概况

据记载，人类利用太阳能已有 3000 多年的历史。将太阳能作为一种能源和动力加以利用，则只有 300 多年的历史。真正将太阳能作为“近期急需的补充能源”和“未来能源结构的基础”，则是近年的事。20 世纪 70 年代以来，太阳能科技突飞猛进，太阳能利用日新月异。近代太阳能利用历史可以从 1615 年法国工程师所罗门·德·考克斯在世界上发明第一台太阳能驱动的发动机算起。该发明是一台利用太阳能加热空气使其膨胀做功而抽水的机器。在 1615—1900 年，世界上又研制成多台太阳能动力装置和一些其他太阳能装置。这些动力装置大多采用聚光方式采集阳光，发动机功率不大，工质主要是水蒸气，价格昂贵，实用价值不大，大部分为太阳能爱好者个人研究制造。20 世纪的 100 年间，太阳能科技发展历史大体可分为七个阶段。

第一阶段(1900—1920 年)，在这一阶段清立新能源，世界上太阳能研究的重点仍是太阳能动力装置，但采用的聚光方式多样化，且开始采用平板集热器和低沸点工质，装置逐渐扩大，最大输出功率达 73.64 千瓦，实用目的比较明确，造价仍然很高。

第二阶段(1920—1945 年)，在这 20 多年中，太阳能研究工作处于低潮，参加研究工作的人数和研究项目大为减少，其原因与矿物燃料的大量开发利用和发生第二次世界大战(1935—1945 年)有关，而太阳能又不能解决当时对能源的急需，因此使太阳能研究工作逐渐受到冷落。

第三阶段(1945—1965 年)，在这一阶段，太阳能研究工作取得一些重大进展，加强了太阳能基础理论和基础材料的研究，取得了如太阳选择性涂层和硅太阳电池等技术上的重大突破。平板集热器有了很大的发展，技术上逐渐成熟。太阳能吸收式空调的研究取得进展，建成一批实验性太阳房。对难度较大的斯特林发动机和塔式太阳能热发电技术进行了初步研究。

第四阶段(1965—1973 年)，这一阶段，太阳能的研究工作停滞不前，主要原因是太阳能利用技术处于成长阶段，尚不成熟，并且投资大，效果不理想，难以与常规能源竞争，因而得不到公众、企业和政府的重视和支持。

第五阶段(1973—1980 年)，自从石油在世界能源结构中担当主角之后，石油就成了左右经济和决定一个国家生死存亡、发展和衰退的关键因素。世界“石油危机”在客观上使人们认识到：现有的能源结构必须彻底改变，应加速向未来能源结构过渡。从而使许多国家，尤其是工业发达国家，重新加强了对太阳能及其他可再生能源技术发展的支持，在世界上再次兴起了开发利用太阳能热潮。这一时期，太阳能开发利用工作处于前所未有的大发展时期，具有以下特点：首先，各国加强了太阳能研究工作的计划性，不少国家制定了近期和远期阳光计划。开发利用太阳能成为政府行为，支持力度大大加强。国际间的合作十分活跃，一些第三世界国家开始积极参与太阳能开发利用工作。其次，研究领域不断扩大，研究工作日益深入，取得一批较大的成果，如 CPC、真空集热管、非晶硅太阳电池、光解水制氢、太阳能热发电等。各国制定的太阳能发展计划，普遍存在要求过高、过急问题，对实施过程中的困难估计不足，希望在较短的时间内取代矿物能源，实现大规模利用太阳能。例如，美国曾计划在 1985 年建造一座小型太阳能示范卫星电站，1995 年建成一座 500 万千瓦空间太阳能电站。事实上，这一计划后来进行了调整，至今空间太阳能电站还未升空。最后，太阳能热水器、太阳能电池等产品开始实现商业化，太阳能产业初步建立，但规模较小，经济效益尚不理想。这主要受制于技术运用及科研水平。

第六阶段(1980—1992 年)，70 年代兴起的开发利用太阳能热潮，进入 80 年代后不久开始落潮，逐渐进入低谷。世界上许多国家相继大幅度削减太阳能研究经费，其中以美国最为突出。导致这种现象的主要原因是：世界石油价格大幅度回落，而太阳能产品价格居高不下，缺乏竞争力；太阳能技术没有重大突破，提高效率和降低成本的目标没有实现，以致动摇了一些人开发利用太阳能的信心；核电发展较快，对太阳能的发展起到了一定的抑制作用。受 80 年代国际上太阳能低落的影响，中国太阳能研究工作也受到一定程度的削弱，有人甚至提出：太阳能利用投资大、效果差、储能难、占地广，认为太阳能是未来能源，主张在外国技术研究成功后再引入中国。这对中国太阳能事业的发展造成不良影响。这一阶段，虽然太阳能开发研究经费大幅度削减，但研究工作并未中断，有的项目还进展较大，而且促使人们认真地去审视以往的计划和制定的目标，调整研究工作重点，争取以较少的投入取得较大的成果。

第七阶段(1992年至今)，由于大量燃烧矿物能源，造成了全球性的环境污染和生态破坏，对人类的生存和发展构成威胁。在这样背景下，1992年联合国在巴西召开“世界环境与发展大会”，会议通过了《里约热内卢环境与发展宣言》《21世纪议程》和《联合国气候变化框架公约》等一系列重要文件，把环境与发展纳入统一的框架，确立了可持续发展的模式。这次会议之后，世界各国加强了清洁能源技术的开发，将利用太阳能与环境保护结合在一起，使太阳能利用工作走出低谷，逐渐得到加强。世界环境与发展大会之后，中国政府对环境与发展十分重视，提出10条对策和措施，明确要“因地制宜地开发和推广太阳能、风能、地热能、潮汐能、生物质能等清洁能源”，制定了《中国21世纪议程》，进一步明确了太阳能重点发展项目。

1992年以后，世界太阳能利用又进入一个发展期，其特点是：太阳能利用与世界可持续发展和环境保护紧密结合，全球共同行动，为实现世界太阳能发展战略而努力；太阳能发展目标明确，重点突出，措施得力，有利于克服以往忽冷忽热、过热过急的弊端，保证太阳能事业的长期发展；在加大太阳能研究开发力度的同时，注重科技成果转化为生产力，发展太阳能产业，加速商业化进程，扩大太阳能利用领域和规模，经济效益逐渐提高；国际太阳能领域的合作空前活跃，规模扩大，效果明显。

在20世纪100年间太阳能发展道路并不平坦，一般每次高潮期后都会出现低潮期，处于低潮的时间大约有45年。太阳能利用的发展历程与煤、石油、核能完全不同，人们对其认识差别大，反复多，发展时间长。这一方面说明太阳能开发难度大，短时间内很难实现大规模利用；另一方面也说明太阳能利用还受矿物能源供应，政治和战争等因素的影响，发展道路比较曲折。尽管如此，从总体来看，20世纪取得的太阳能科技进步仍比以往任何一个世纪都快。太阳能已经成为人们生活中不可缺少的一部分。

第八阶段(全世界光伏板并网)，储能难的问题有所改善。第一，世界上越来越多的国家认识到一个能够持续发展的社会应该是一个既能满足社会需要，而又不危及后代人前途的社会。因此，尽可能多地用洁净能源代替高含碳量的矿物能源，是能源建设应该遵循的原则。随着能源形式的变化，常规能源的贮量日益下降，其价格必然上涨，而控制环境污染也必须增大投资。第二，中国是世界上最大的煤炭生产国和消费国，煤炭消费约占商品能源消费结构的 76%，已成为中国大气污染的主要来源。大力开发新能源和可再生能源的利用技术将成为减少环境污染的重要措施。能源问题是世界性的，向新能源过渡的时期迟早要到来。从长远看，太阳能利用技术和装置的大量应用，也必然可以制约矿物能源价格的上涨。

3.3.4　太阳能的发展前景

中国蕴藏着丰富的太阳能资源，太阳能利用前景广阔。目前，中国太阳能产业规模已位居世界第一，是全球太阳能热水器生产量和使用量最大的国家和重要的太阳能光伏电池生产国。中国比较成熟的太阳能产品有两项：太阳能光伏发电系统和太阳能热水系统。

澳大利亚新南威尔士大学（UNSW）的太阳能研究人员，已经可以将太阳能转化为电能的效率提高到 40%以上，这是至今的最高纪录。

1974 年至 1997 年，美日等发达国家硅半导体光电池发电成本降低了一个数量级：从每瓦 50 美元降到了 5 美元。此后世界各国专家大都认为，要使太阳能电站与传统电站（主要是火电站）相比具有经济竞争力，还有一段同样长的路要走——其成本要再降低一个数量级才行。目前美国等国家建成的利用太阳池发电的项目很多。在死海之畔有一个 1979 年建的 7 000 平方米的实验太阳池，为一台 150 千瓦发电机供热。美国计划将其盐湖的 8.3%面积（约 8 000 平方千米）建成太阳池，为 600 兆瓦的发电机组供热。今年 6 月，亚美尼亚无线电物理所的专家宣布，已在该国山地开始建造其“第一个小型实验样板”型工业太阳能电站。该电站使用的涡轮机是使用寿命已届满而从直升机上拆下来的涡轮机，装机容量仅 100 千瓦，但发电成本仅 0.5 美分/千瓦·时，效率高达 40%～50%。

俄罗斯学者在太阳池研究方面也取得了令人瞩目的进展。一家公司将其研制的太阳能喷水式推进器、喷冷式推进器与太阳池工程相结合，给太阳池附设冰槽等设施，设计出了适用于农家的新式太阳池。按这种设计，一个 6 到 8 口人的农户建一个 70 平方米的太阳池，便可满足其 100 平方米住房全年的用电需要。

以色列在 2012 年可再生能源装机容量为：风能 6.2 兆瓦、水电 8 兆瓦、生物燃料 12 兆瓦、大型太阳能光热电站 0 兆瓦、中型太阳能光热电站 7 兆瓦、小型光伏板发电站 218 兆瓦。到 2015 年，大型太阳能光热电站将增至 740 兆瓦，中型太阳能电站增至 330 兆瓦，小型光伏板发电站增至 330 兆瓦。

3.4　生物质能

生物质能一直是人类赖以生存的重要能源，它是仅次于煤炭、石油和天然气而居于世界能源消费总量第四位的能源，在整个能源系统中占有重要地位。有关专家估计，生物质能极有可能成为未来可持续能源系统的组成部分，到 21 世纪中叶，采用新技术生产的各种生物质替代燃料将占全球总能耗的 40%以上。

3.4.1　生物质能的概念与特点

1. 生物质能的概念

生物质能就是太阳能以化学能形式贮存在生物质中的能量形式，即以生物质为载体的能量。它直接或间接地来源于绿色植物的光合作用，可转化为常规的固态、液态和气态燃料，取之不尽、用之不竭，是一种可再生能源，同时也是唯一一种可再生的碳源。

生物质是指利用大气、水、土地等通过光合作用而产生的各种有机体，即一切有生命的可以生长的有机物质通称为生物质。它包括植物、动物和微生物。广义概念：生物质包括所有的植物、微生物以及以植物、微生物为食物的动物及其生产的废弃物。有代表性的生物质如农作物、农作物废弃物、木材、木材废弃物和动物粪便。狭义概念：生物质主要是指农林业生产过程中除粮食、果实以外的秸秆、树木等木质纤维素（简称木质素），农产品加工业下脚料、农林废弃物及畜牧业生产过程中的禽畜粪便和废弃物等物质。

2. 生物质能的特点

生物质能源的特点分析主要包括以下几方面。

(1) 可再生性。生物质能源是从太阳能转化而来,通过植物的光合作用将太阳能转化为化学能,储存在生物质内部的能量,与风能、太阳能等同属可再生能源,可实现能源的永续利用。

(2) 清洁、低碳。生物质能源中的有害物质含量很低,属于清洁能源。同时,生物质能源的转化过程是通过绿色植物的光合作用将二氧化碳和水合成生物质,生物质能源的使用过程又生成二氧化碳和水,形成二氧化碳的循环排放过程,能够有效减少人类二氧化碳的净排放量,降低温室效应。

(3) 替代优势。利用现代技术可以将生物质能源转化成可替代化石燃料的生物质成型燃料、生物质可燃气、生物质液体燃料等。在热转化方面,生物质能源可以直接燃烧或经过转换,形成便于储存和运输的固体、气体和液体燃料,可运用于大部分使用石油、煤炭及天然气的工业锅炉和窑炉中。国际自然基金会 2011 年 2 月发布的《能源报告》认为,到 2050 年,将有 60%的工业燃料和工业供热都采用生物质能源。

(4) 原料丰富。生物质能源资源丰富,分布广泛。根据世界自然基金会的预计,全球生物质能源潜在可利用量达 350 EJ/年(约合 82.12 亿吨标准油,相当于 2009 年全球能源消耗量的 73%)。根据我国《可再生能源中长期发展规划》统计,我国生物质资源可转换为能源的潜力约 5 亿吨标准煤,随着造林面积的扩大和经济社会的发展,我国生物质资源转换为能源的潜力可达 10 亿吨标准煤。在传统能源日渐枯竭的背景下,生物质能源是理想的替代能源,被誉为继煤炭、石油、天然气之外的"第四大"能源。

(5) 广泛应用性。生物质能源可以以沼气、压缩成型固体燃料、气化生产燃气、气化发电、生产燃料酒精、热裂解生产生物柴油等形式存在,应用在国民经济的各个领域。

3.4.2 生物质能的分类

依据来源的不同,可以将适合于能源利用的生物质分为林业资源、农业资源、生活污水和工业有机废水、城市固体废物、畜禽粪便、沼气等六大类。

(1) 林业资源。林业生物质资源是指森林生长和林业生产过程提供的生物质能源,包括薪炭林、在森林抚育和间伐作业中的零散木材、残留的树枝、树叶和木屑等;木材采运和加工过程中的枝丫、锯末、木屑、梢头、板皮和截头等;林业副产品的废弃物,如果壳和果核等。

(2) 农业资源。农业生物质能资源是指农业作物(包括能源作物);农业生产过程中的废弃物,如农作物收获时残留在农田内的农作物秸秆(玉米秸、高粱秸、麦秸、稻草、豆秸和棉秆等);农业加工业的废弃物,如农业生产过程中剩余的稻壳等。能源植物泛指各种用以提供能源的植物,通常包括草本能源作物、油料作物、制取碳氢化合物植物和水生植物等几类。

(3) 生活污水和工业有机废水。生活污水主要由城镇居民生活、商业和服务业的各种排水组成,如冷却水、洗浴排水、盥洗排水、洗衣排水、厨房排水、粪便污水等。工业有机废水主要是酒精、酿酒、制糖、食品、制药、造纸及屠宰等行业生产过程中排出的废水等,其中都富含有机物。

(4) 城市固体废物。城市固体废物主要是由城镇居民生活垃圾,商业、服务业垃圾和少量建筑业垃圾等固体废物构成。其组成成分比较复杂,受当地居民的平均生活水平、能源消费结构、城镇建设、自然条件、传统习惯以及季节变化等因素影响。

(5) 畜禽粪便。畜禽粪便是畜禽排泄物的总称,它是其他形态生物质(主要是粮食、农作物秸秆和牧草等)的转化形式,包括畜禽排出的粪便、尿及其与垫草的混合物。

(6) 沼气。沼气是由生物质能转换的一种可燃气体。沼气是一种混合物,主要成分是甲烷(CH4)。沼气是有机物质在厌氧条件下,经过微生物的发酵作用而生成的一种混合气体。由于这种气体最先是在沼泽中发现的,所以称为沼气。人畜粪便、秸秆、污水等各种有机物在密闭的沼气池内,在厌氧(没有氧气)条件下发酵,种类繁多的沼气发酵微生物分解转化,从而产生沼气。沼气是一种混合气体,可以燃烧,通常可以供农家用来烧饭、照明。

3.4.3　生物质能的应用

1. 利用途径

生物质能的利用主要有直接燃烧、热化学转换和生物化学转换等三种途径。

生物质的直接燃烧在今后相当长的时间内仍将是我国生物质能利用的主要方式。当前改造热效率仅为10%左右的传统烧柴灶,推广效率可达20%～30%的节柴灶,这种技术简单、易于推广、效益明显的节能措施,被国家列为农村新能源建设的重点任务之一。生物质的热化学转换是指在一定的温度和条件下,使生物质汽化、炭化、热解和催化液化,以生产气态燃料、液态燃料和化学物质的技术。生物质的生物化学转换包括有生物质—沼气转换和生物质—乙醇转换等。沼气转化是有机物质在厌氧环境中,通过微生物发酵产生一种以甲烷为主要成分的可燃性混合气体,即沼气。乙醇转换是利用糖质、淀粉和纤维素等原料经发酵制成乙醇。

2. 利用现状

中国已经开发出多种固定床和流化床气化炉,以秸秆、木屑、稻壳、树枝为原料生产燃气。2006年年底全国已经建设农村户用沼气池1 870万口,生活污水净化沼气池14万处,畜禽养殖场和工业废水沼气工程约2 000处,年产沼气约90亿立方米,为约8 000万农村人口提供了优质生活燃料。2006年用于木材和农副产品烘干的有约800台,村镇级秸秆气化集中供气系统约600处,年生产生物质燃气2 000万立方米。

3. 利用技术

(1) 直接燃烧。生物质的直接燃烧和固化成型技术的研究开发主要着重于专用燃烧设备的设计和生物质成型物的应用。现已成功开发的成型技术按成型物形状主要分为三大类:以日本为代表开发的螺旋挤压生产棒状成型物技术,欧洲各国开发的活塞式挤压制的圆柱块状成型技术,以及美国开发研究的内压滚筒颗粒状成型技术和设备。

(2) 生物质气化。生物质气化技术是将固体生物质置于气化炉内加热,同时通入空气、氧气或水蒸气,来产生品位较高的可燃气体。它的特点是气化率可达70%以上,热效率也可达85%。生物质气化生成的可燃气经过处理可用于合成、取暖、发电等不同用途,这对于生物质原料丰富的偏远山区意义十分重大,不仅能改变他们的生活质量,而且也能够提高用能效率,节约能源。

(3) 液体生物燃料。由生物质制成的液体燃料叫作生物燃料。生物燃料主要包括生物乙醇、生物丁醇、生物柴油、生物甲醇等。虽然利用生物质制成液体燃料起步较早,但发展比较缓慢,由于受世界石油资源、价格、环保和全球气候变化的影响，20 世纪 70 年代以来，许多国家日益重视生物燃料的发展，并取得了显著的成效。

(4) 沼气。主要利用技术有：第一，沼气的传统利用和综合利用技术。自 20 世纪 80 年代以来，建立起的沼气发酵综合利用技术，以沼气为纽带，将物质多层次利用、能量合理流动的高效农业模式，已逐渐成为我国农村地区利用沼气技术促进可持续发展的有效方法。通过沼气发酵综合利用技术，沼气用于农户生活用能和农副产品生产加工，沼液用于饲料、生物农药、培养料液的生产，沼渣用于肥料的生产，我国北方推广的塑料大棚、沼气池、气禽畜舍和厕所相结合的"四位一体"沼气生态农业模式，中部地区以沼气为纽带的生态果园模式，南方建立的"猪－果"模式，以及其他地区因地制宜建立的"养殖－沼气""猪－沼－鱼"和"草－牛－沼"等模式，都是以农业为龙头，以沼气为纽带，对沼气、沼液、沼渣的多层次利用的生态农业模式。沼气发酵综合利用生态农业模式的建立使农村沼气和农业生态紧密结合，是改善农村环境卫生的有效措施，也是发展绿色种植业、养殖业的有效途径，已成为农村经济新的增长点。第二，沼气发电技术。沼气燃烧发电是随着大型沼气池建设和沼气综合利用的不断发展而出现的一项沼气利用技术，它将厌氧发酵处理产生的沼气用于发动机上，并装有综合发电装置，以产生电能和热能。第三，沼气燃料电池技术。燃料电池是一种将储存在燃料和氧化剂中的化学能直接转化为电能的装置。当源源不断地从外部向燃料电池供给燃料和氧化剂时，它可以连续发电。

(5) 生物制氢。氢气是一种清洁、高效的能源，有着广泛的工业用途，潜力巨大，生物制氢逐渐成为人们关注的热点，但将其他物质转化为氢并不容易。生物制氢过程可分为厌氧光合制氢和厌氧发酵制氢两大类。

(6) 生物质发电技术。生物质发电技术是将生物质能源转化为电能的一种技术，主要包括农林废物发电、垃圾发电和沼气发电等。作为一种可再生能源，生物质能发电在国际上越来越受到重视，在我国也越来越受到政府的关注和民间的拥护。

(7) 原电池。通过化学反应时电子的转移制成原电池，产物和直接燃烧相同，但是能量能充分利用。

第4章　能源消耗与经济增长关系研究

4.1　经济增长理论

4.1.1　经济增长与影响因素

经济增长是指一个国家生产商品和劳务能力的扩大，简单而言，就是经济总产量或者人均产量的增加，表示为$G_t=(Y_t-Y_{t-1})/Y_{t-1}$，或者$g_t=(y_t-y_{t-1})/y_{t-1}$。经济增长的源泉借助于生产函数的概念，设经济社会的总量生产函数由下式表示，$Y_t=A_tF(N_t,K_t)$，关于时间变量求全导数，结果得到产出增长率＝（劳动力份额 劳动力增长率）＋（资本份额　资本增长率）＋技术进步增长率，其影响因素分为直接因素和间接因素。

直接因素是指资源投入数量和资源使用效率（资源配置方式）。资源（即生产要素），通常包括资本、自然资源和劳动力。劳动力是经济活动的主体，劳动力人口的增长率和劳动生产率的增长率决定了一个社会潜在的国民收入的增长率。资本包括物质资本与人力资本。资源使用效率可以用部分（要素）生产率表示，也可以用全要素生产率表示，前者可以用产量与某一特定投入量的比率来衡量，后者可以用产量与全部要素投入量的比率来衡量。

间接因素是指影响资源数量与资源使用效率的各种因素，包括经济因素与非经济因素，这些因素中最重要的有两种，即技术与制度；此外结构变迁（资源从低生产率部门向高生产率部门转移)也是影响经济增长的另一重要因素。

经济增长方式是指一个国家或社会经济增长的总体特征,不同的增长方式反映着不同的增长源泉以及由增长源泉所制约的增长结果。由增长因素数量增加而引起的增长,称之为外延(粗放)型增长;主要由资源使用效率提高而引起的增长,称之为内涵(集约)型增长。一般而言,在经济发展的初期,资源约束大都较为宽松,外延型增长方式较为常见;随着经济发展水平的提高,人口增加,资源稀缺程度加大,内涵型增长方式逐渐成为主导的增长方式。

4.1.2 哈罗德—多马模型

1936 年,经济学界爆发了“凯恩斯革命”,但凯恩斯的体系仍然是静态的。哈罗德等人认为,需要使凯恩斯的理论长期化和动态化。1948 年哈罗德出版了《动态经济学导论》,在书中阐述了它的经济增长思想。美国学者多马也进行了类似的讨论,于 1946 年、1947 年发表了“资本扩张、增长率和就业”以及“扩张与就业”两篇论文。两位学者的研究成果成为现代经济增长理论的开端。哈罗德—多马模型(H-D 模型)试图说明的是稳态的经济增长所应具备的条件。为了使经济按一个固定不变的增长率持续增长,收入和投资应按什么速度增长。

1. 假定

(1)收入用于消费与储蓄,储蓄与收入的比率不变。(2)使用两种生产要素,资本与劳动,两种生产要素不能相互替代,其中资本与劳动、资本与产量的比率不变。(3)劳动力按不变的、由外部因素决定的速度 n 增长。(4)规模报酬不变。(5)不存在技术进步。

2. 基本模型

(1)储蓄(S)是国民收入(Y)的某种比率 s,$S=sY$。(2)投资(I)为资本存量 K 的增加额,$I=\Delta K$,因为 $Y/K=\Delta Y/\Delta K=v$,所以$\Delta K=v*\Delta Y$。(3)因为 $I=S$,所以 $sY=v\,\Delta Y$,两边同时除以 v,Y,则得到 $g_w=s/v$。如果考虑到资本折旧率 δ 和人口自然增长 n,则有人均收入 $g^*=s/v-\delta-n$。

3. 模型的含义、评价及修正

从劳动力投入的角度看，哈罗德—多马模型说明了人口增长率与劳动生产率的提高这两个因素和经济增长的关系，提出了自然增长率这个概念。自然增长率取决于劳动力的年平均增长率和劳动生产率的平均增长率，如果不考虑技术进步，经济增长来自劳动人口的增长。自然增长率是一个国家能够实现的最大增长率。因为，在资本与劳动、资本与产量的比例既定时，每单位产量所需要的劳动力数也是既定的。这样产量的增长就不可能超过劳动力的增长率，实际增长率不能大于自然增长率。但如果增长率达不到自然增长率，就将出现失业。考虑到资本供求和劳动力增长两方面的因素，要实现充分就业的均衡增长，必然有 $g=g_w=g_n$（实现充分就业的均衡增长，条件是实际增长率＝有保证的增长率＝自然增长率）。

(1) 根据这一理论，在一个社会的经济中必须从国民生产总值中拿出一定比例的资金进行储蓄和投资，储蓄和投资越多，增长就越快。问题是储蓄和投资是经济加速增长的必要条件，但不是充分条件，在很多场合，发展中国家缺乏诸如管理能力、熟练劳动力、计划并执行各式各样的发展规划等众多补充要素。

(2) 由于储蓄率、资本产出比率、劳动力增长率这三个因素分别由不同的因素决定，因此在现实中没有任何机制确保有保证的经济增长率等于自然增长率。即使出于偶然原因，二者相等，使经济处于均衡增长的路径，但一旦出现扰动，有保证的增长率就会越来越偏离自然增长率。换言之，即使存在均衡增长路径，但该路径也是不稳定的。

(3) 储蓄率的内生性与人口增长的内生性，无法从模型中体现出来：随着收入的改变，方程中的储蓄率应该有所改变。这导致一个国家的增长率的变化可以由储蓄率随收入变化的趋势来反映。

H-D 模型由于其简单明了，曾经颇为流行，成为二战后很多发展中国家制定经济政策的一个重要理论依据。但是，由于它只强调资本形成的作用，而忽视了劳动投入、技术进步乃至制度因素对经济增长的重要性，而受到了批评，并被索洛等人提出的“新古典增长模型”所取代。实际上，如果将 H-D 模型关于资本产出比 v 在短期中不变的假定加以改变，它与新古典增长模型乃至 80 年代罗默等人提出的新增长理论是可以相容的。根据 H-D 模型，若储蓄率 s 或投资率一定，则要提高 g，只有降低资本一产出比。以我国为例，近年我国的储蓄率或投资率近 40%，年实际经济增长率为 8%，这表明我国的资本一产出比高达 5 左右，也就是说要增加一单位产出，平均需要增加 5 单位资本，这说明我国的投资效率非常低。如果能将我国的资本一产出比降低到 4 左右，则我国的年均经济增长率可以上升到 10%。而要降低资本一产出比，只有促进技术进步，增加劳动投入和人力资本投资，这与新古典增长模型和新增长理论的结论是一致的。

4.1.3　索洛模型(新古典增长理论)

新古典增长模型的代表性理论是索洛一斯旺模型。其中索洛模型对新古典增长理论做出了开拓性贡献，他是在哈罗德—多马公式的基础上通过将第二个要素“劳动”和第三个独立的变量“技术”引入增长方程开拓而成。与哈罗德—多马模型固定系数和规模回报不变的假设前提不同，索洛的新古典增长模型则显示出，当分别对劳动和资本进行回报时，是递减的，而当两个要素结合在一起时，其回报是不变的。技术进步对长期增长中的残值因素做出了解释，根据索洛和其他增长理论的假定，这一水平是外生决定的，即是说，是独立于所有其他要素的。

1. 假定

(1) 社会储蓄函数为 $S=sY$，其中 s 是作为参数的储蓄率。(2) 劳动力按一个不变的比率 n 增长。(3) 生产的规模报酬不变。

2. 基本模型

(1) 基本思路：在暂不考虑技术进步的情况下，设经济的总量生产函数 $Y=F(K,L)$，由上述假定(3)，对上述生产函数有 $\lambda Y=F(\lambda K,\lambda L)$，对任何正数 λ 都成立，特别地，今取 $\lambda=1/L$，则有人均量生产函数 $Y/L=F(K/L,1)$，即 $y=f(k)$，其中 y 为人均产出，k 为人均拥有资本量。随着每个工人拥有的资本量的上升，即 k 的增加，每个工人的产量也增加，但由于报酬递减规律，人均产量增加的速度是递减的。根据增长率分解式，在假定(2)和不考虑技术进步的条件下，产出增长率就唯一地由资本增长率来解释。

(2) 新古典增长模型的基本方程。资本存量的变化有两个原因：投资增加了资本存量，折旧减少了资本存量，用公式表示为 $\Delta k=i-\delta k=sf(k)-\delta k$，当 $\Delta k=0$ 时，这一资本存量水平被称为资本的稳态水平，也代表了经济的长期均衡；其中储

蓄率 s 是稳态资本存量水平的一个决定性因素，如果储蓄率高，经济将有较大的资本存量和较高的产量水平。人口增长，导致人均资本量减少，即$\Delta k=sf(k)-\delta k-nk$，其中$(\delta+n)k$ 是使人均资本存量不变所必需的投资量。在有人口增长的稳态中，人均资本和人均产量不发生变化，由于工人数目按 n 的速度增长，总资本量和总产量也按 n 速度增长。$(\delta+n)k$ 项可以这样来理解：劳动量的增长率为 n，一定量的人均储蓄必须用于装备新工人，每个工人占有的资本为 k，这一用途的储蓄为 nk；另一方面，一定量的储蓄必须用于替换折旧资本，这一用途的储蓄为 δk。总计为$(\delta+n)k$的人均储蓄被称为资本的广化。人均储蓄超过$(\delta+n)k$ 的部分则导致了人均资本 k 的上升，即$\Delta k>0$，这被称为资本的深化。因此新古典增长模型的基本方程式可以表述为：资本深化＝人均储蓄－资本广化。

(3) 稳态分析。在新古典增长模型中，所谓稳态指的是一种长期均衡状态。在稳态时，人均资本达到均衡值并维持在均衡水平不变，在忽略了技术变化的条件下，人均产量也达到稳定状态。因此，在稳态之下，k 和 y 达到一个持久性的水平。根据上述定义，要实现稳态，即$\Delta k>0$，则人均储蓄必须正好等于资本的广化。换句话说，新古典增长理论中的稳态条件是 $sy=(n+\delta)k$。需要注意，稳态虽然意味着 y 和 k 的值固定，但总产量和资本存量都在增长。实际上，在稳态中，总产量和总的资本存量的增长率均与劳动力的增长率相等，即均为 n。稳态意味着$\Delta Y/Y=\Delta L/L=\Delta K/K=n$。如图 4.1 所示，在资本深化阶段，产量增长率高于其稳态值。这意味着，在其他条件相同的情况下，资本贫乏的国家的增长快于资本富裕

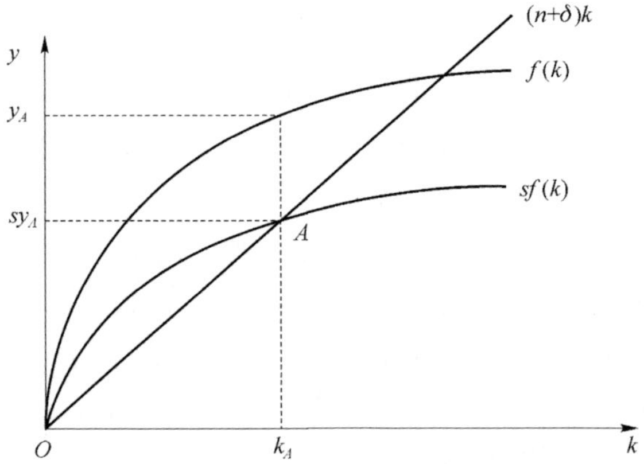

图 4.1　经济增长的稳态

的国家。随着资本存量的深化，即 k 接近于 k_A，增长率会慢下来。同样道理，如果资本富裕国家的人均资本下降时，那么产量的增长率就会降低到 n 以下。以上的论述表明，当经济偏离稳定状态时，无论人均资本过多还是过少，都存在着某种力量使其恢复到长期均衡。

另外新古典增长理论的稳态条件所确定的人均资本量以及由人均生产函数确定的人均产量在一定程度上就能解释，为什么一些国家富裕，另一些国家贫穷。若其他条件相同，储蓄率或者投资率较高的国家通常比较富裕。在这些国家中，劳动力人均资本量较高，因此人均产量也较高。相反，根据新古典增长模型，人口增长率较高的国家通常比较贫穷。在这些国家，面对人口增长，为保持资本一劳动比率不变，需要把更大比例的收入用于储蓄和投资。这种资本广化的要求使得资本深化变得困难，从而使得人均资本量减少。

(4) 储蓄率的增加。从短期看，更高的储蓄率导致了总产量和人均产量增长率的增加；从长期看，随着资本积累，增长率逐渐降低，最终又回落到人口增长的水平。新古典增长理论的结论是：储蓄率的增加不能影响到稳态增长率，但确实能提高收入的稳态水平。用更专业的话说，就是储蓄率的增加只有水平效应，绝没有增长效应。

(5) 技术进步(劳动放大型技术进步)。$Y=F(K,\mathrm{AL})$，令 $k=K/\mathrm{AL}$(每单位效率劳动的人均资本量)，$y=Y/\mathrm{AL}$(每单位效率劳动的产量)。新古典增长理论的一个重要的假设是技术进步是外生给定的，即假定 A 以一个固定的比率 g 来增长，则有$\Delta k=sf(k)-(\delta+n+g)k$，技术进步的引入并没有在实质上改变我们关于稳态的分析，新古典增长模型如图 4.2 所示。在考虑到技术进步后，新古典增长模型可以解释一些国家生活水平的持续提高。因为技术进步会引起人均产出的持续增长。一旦经济处于稳定状态，人均产出的增长率只取决于技术进步的比率，新古典增长模型中的稳态增长率见表 4.1。换句话说，根据新古典增长理论，只有技术进步才能解释生活水平(即人均产出)的长期上升。

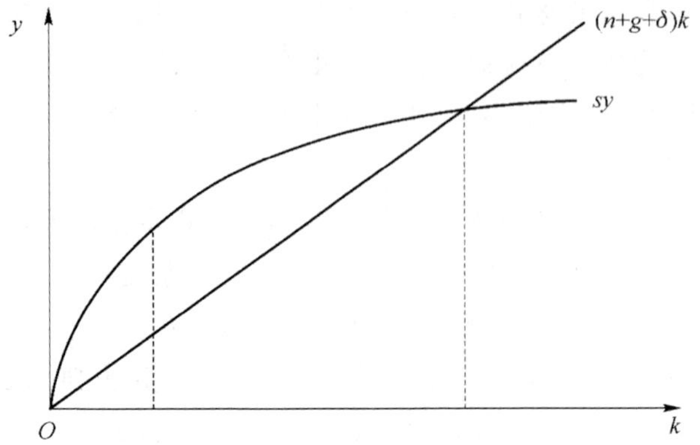

图 4.2　引入技术进步后的新古典增长模型

表 4.1　在有技术进步的新古典增长模型中的稳态增长率

变量	稳态增长率
按有效劳动平均的资本	0
按有效劳动平均的产量	0
人均产出	g
总产出	$n+g$

3. 评价

(1) 该理论没有讨论技术进步的来源及成本问题。(2) 它只描述了技术进步的第一种形态,即生产率的提高。(3) 该类模型对一些重要的经济增长事实无法做出合理的解释,例如该类理论认为各国的经济增长将趋于一致,而事实是各国的经济增长率存在着广泛的差异。(4) 该类模型将技术进步视为外生给定的,经济的自发运行使经济最终处于最优增长路径上,经济政策不会对经济的长期增长产生显著的影响,因而新古典增长理论无法为政策的制定提供理论指导。

4.1.4　新增长理论(内生技术进步的经济增长理论)

新古典理论在解释长期经济增长源泉方面的缺陷导致了人们对传统理论的普遍不满。在缺乏外部震荡或技术变化的情况下,所有的经济都将汇集于零增长。

运用新古典的分析框架，不能阐明技术进步的决定；其次，这一理论难以解释拥有相同技术的不同国家间增长的巨大差异。

1. 新增长模型的早期研究

内生技术进步的经济增长模型，是在继承和批判新古典增长理论的基础上发展起来的。其开创性的工作始于 20 世纪 60 年代阿罗的“干中学”模型和宇泽弘文模型。阿罗的“干中学”模型是第一部内生技术进步的增长模型，他将技术进步视为资本积累的产物，集中讨论了通过实践经验的积累来获取知识，促进技术进步；宇泽弘文模型的基本研究框架是一个由物质部门和教育部门组成的经济抽象体系，模型中教育部门提供技术进步，促进劳动生产率的提高，以此来内生化技术进步。早期技术进步增长模型，主要探讨了技术进步因素的来源、技术进步的成本等问题。他们对新古典外生增长模型的修正也就在于将技术因子描述成经济体系的内生变量。具体来看，阿罗将技术进步视作实践经验积累的产物，宇泽弘文则立足于教育部门来描述技术进步的产生机制。但是上述模型对技术进步单纯理解为劳动生产率的提高，而未讨论技术进步在经济系统中的另外两种重要表现形式——现有产品质量的改进和新产品的产生。

2. 新增长模型的第一个阶段

自 20 世纪 80 年代中后期以来，美国经济学家罗默与卢卡斯等人在对新古典增长理论反思的基础上，形成了新增长理论。所谓新增长理论，是指用规模收益递增和内生技术进步来说明一国长期经济增长和各国经济增长率差异而展开的研究成果的总称。第一阶段的新增长理论，以罗默和卢卡斯的模型为代表。罗默模型沿用了阿罗的思路，来考察内生技术进步对经济增长的影响。在该模型中，罗默强调了知识的“溢出效应”和知识的“部分排他性”对经济增长的作用。他认为知识的这两个特性，使得任何企业生产的知识都能提高全社会的生产率，产生知识的社会受益，因此资本的边际生产率才不会因固定生产要素的存在而无限降低，从而整个社会的生产才具有收益递增的特征，进而经济的持续增长才能得以实现。卢卡斯则在宇泽弘文模型的基础上构筑了一个两部门的人力资本模型。该模型与宇泽弘文模型的区别在于，他将社会经济系统划分为消费品、物质资本生产部门和人力资本生产部门。人力资本生产具有溢出效应，即具有较高人力资本的个体能对其周围的人产生更多的有利影响，提高他们的生产率。因而消费品、物质资本生产部门的生产，便能在人力资本生产外部性的作用下，显示出收益递增的发展态势。

总体来看，罗默模型和卢卡斯模型继承、发展了初期内生技术进步经济增长模型的传统，即在技术进步的内生决定机理上，把经济体系中的教育和研究开发活动视为技术进步的源泉。同时该类模型也为经济政策影响经济的长期增长这一事实提供了理论解释。他们认为，知识生产和人力资本的溢出效应即外部性，影响着经济行为个体对知识及人力资本追求的动力，因而缺少政府干预的经济体系的分散均衡只能是一种社会次优结果，自由竞争不能保证经济沿着最优的增长路径发展。因此，政府可以通过适当的税收或补贴政策提高经济的均衡增长率。罗默模型表明，政府对知识生产提供补贴可以促进技术进步和经济增长。卢卡斯认为，鼓励人们进行人力资本投资的政策有利于经济的长期稳定增长。这个阶段在技术进步表现形式的讨论上，仍未取得突破性进展；罗默和卢卡斯的模型是在完全竞争的框架下展开的，而有的研究表明，阐述技术进步过程的较好框架是垄断竞争框架。

3. 新增长模型的第二个阶段

20 世纪 90 年代，新增长理论进入了一个全面的繁荣发展时期，具有如下特点。

（1）分工被认为是推动社会技术进步的更深层次的原因。这一观点继承了斯密和阿林·杨等经济学家的思想。在具体的模型表述上，分工经济具有两种基本表现形式：专业化经济与多样化经济。其中多样化经济指分工所带来的新行业的出现和生产迂回度的提高，具体表现为产品品种的增加；专业化经济指工人由于专业化于某一项具体的工作，而带来的生产率的提高。分工的这两种表现形式均直接促进了社会的技术进步。

（2）分工范畴的引入，带来了新增长理论对技术进步表现形式探讨的突破，更着重探讨了产品质量改进和产品品种增加这两种表现形式的技术进步；这一时期内生技术进步增长模型细分为三种类型：产品品种增加型内生增长模型；产品质量升级型内生增长模型；产品种类增加和产品质量改进内生增长模型。

（3）在模型的构建上，垄断竞争框架成为大多数模型的首选。

20 世纪 90 年代之后，部分学者在产品品种增加型和质量升级型内生增长模型的基础上，讨论了开放经济条件下技术进步与经济增长的关系。以格罗斯曼和赫尔普曼(1991)的模型为例，该模型研究了发达国家技术创新与发展中国家技术模仿之间的关系。该模型认为，发展中国家取得技术进步的途径具有一定的特殊性，即模仿是其取得技术进步的重要渠道。发达国家的创新活动和发展中国家的模仿活动互相影响，廉价的创新使模仿率上升，廉价的模仿使创新率上升，因此，创新与模仿之间存在一种正反馈的关系。北方厂商的创新是南方厂商进行模仿的前提和基础，南方厂商的模仿反过来又刺激北方厂商的创新行为，导致北方厂商创新率和增长率的上升。因此经济的开放不仅能促进南方厂商的技术模仿和经济增长，而且也能加快北方厂商的技术进步和经济增长的进程。

4. 评价

内生增长模型与新古典模型在结构上存在某些相似之处，但是在作为模型基础的假设和得出的结论方面则被认为存在差异。最为明显的理论区别源于三个因素：内生增长模型抛弃了新古典模型关于资本投资边际收益递减的假设，允许总产出的规模收益增长，以及更为注重在资本投资回报率的决定上外部化的作用。简单模型：$Y=AK$，其中 A 是想要表示的影响技术的任何要素，K 是指物质和人力资本。

4.2　经济增长核算

对于经济增长的源泉，可以通过经济增长核算的方法来认识。增长核算方法把产出的增长分为两个不同的来源：生产要素的增长和技术进步。当生产要素只包括资本和劳动时，则增长核算方法把产出的增长分解为资本增加、劳动增加和技术进步三个来源。

4.2.1　增长核算方程

我们知道，生产函数给出了投入与产出间的数量关系，设经济的生产函数为

$$Y = AF(N,K) \tag{4.1}$$

式中，Y、N 和 K 顺次为总产出、投入的劳动量和投入的资本量，A 代表经济的技术状况，在一些文献中，A 又被称为全要素生产率(Total Factor Productivity，TFP)。

对于方程(4.1)式，若劳动变动 ΔN，资本变动 ΔK，技术变动 ΔA，则由微分学的知识以及微观经济学中边际变量的概念可知，产出的变动为

$$\Delta Y/Y = a\Delta N/N + b\Delta K/K + \Delta A/A \tag{4.2}$$

即

产出增长＝(劳动份额×劳动增长)＋(资本份额×资本增长)＋技术进步

这就是增长核算的关键公式，它告诉人们，产出的增长可以由三种力量(或因素)来解释，即劳动量变动、资本量变动和技术进步。换句话说，经济增长的源泉可别归结为生产要素的增长和技术进步。

4.2.2 增长的经验估算

在了解了经济增长的源泉之后，现在来看看有关增长的数据。表 4.2 给出了美国从 1950 年到 1999 年增长核算的有关数据。

该表表明，从 1950 年到 1999 年，美国实际 GDP 增长率平均为每年 3.6%，其中的 1.2%是由于资本存量的增加，1.3%是由于劳动投入的增加，而 1.1%是由于全要素生产率的提高。

表 4.2 还表明，20 世纪 70 年代，美国全要素增长率的增长明显放慢了。如果把劳动力生产率定义为按劳动力人数平均的 GDP，即劳动力人均 GDP，则有关的数据显示，在同一时期，不仅美国，而且世界上其他发达国家，也都出现了这种生产率的下降。为此，许多西方学者试图解释这一不利的变动。例如，有人从数据衡量

表 4.2 美国经济增长的核算

年份	产出增长	增长源泉		
		资本的贡献	劳动的贡献	全要素生产率的增长
		(每年平均增长百分比)		
1950—1999	3.6	1.2	1.3	1.1
1950—1960	3.3	1.0	1.0	1.3
1960—1970	4.4	1.4	1.2	1.8
1970—1980	3.6	1.4	1.2	1.0
1980—1990	3.4	1.2	1.6	0.6
1990—1999	3.7	1.2	1.6	0.9

资料来源：[美]曼昆：《宏观经济学》(第五版)，220 页，北京，中国人民大学出版社，2005。

方面提出解释，认为实际上生产率并没有放慢，只是因为数据有缺陷而体现在数据上。还有一些人认为，1973 年和 1979 年两次石油价格的大幅上升是导致生产率下降的主要原因。然而，有关生产率下降的原因的种种分析都还没有对此提出一个系统全面的解释。

4.2.3　经济增长因素分析

经济增长是一个复杂的经济和社会现象。增长核算方程虽然说明了经济增长的源泉，但在如何认识影响经济增长的因素这个问题，人们还需要数据做进一步的分析，也需要把有关的因素进一步细化。从现实角度看，影响经济增长的因素很多，正确地认识和估计这些因素对经济增长的贡献和影响，对于理解和认识现实的经济增长和制定促进经济增长的政策都是至关重要的。因此，很多西方学者都投身到这一研究中来，其中美国经济学家丹尼森(E. F. Denison)的工作影响较大，下面介绍丹尼森对经济增长因素的分析。

在经济增长因素分析中首先遇到的问题是经济增长因素的分类。丹尼森把经济增长因素分为两大类：生产要素投入量和生产要素生产率。关于生产要素投入量，丹尼森把经济增长看成是劳动、资本和土地投入的结果，其中土地可以看成是不变的，其他两个则是可变的。关于要素生产率，丹尼森把它看成是产量与投入量之比，即单位投入量的产出量。要素生产率主要取决于资源配置状况、规模经济和知识进展。具体而言，丹尼森把影响经济增长的因素归结为六个。即：(1)劳动；(2)资本存量的规模；(3)资源配置状况；(4)规模经济；(5)知识进展；(6)其他影响单位投入量的因素。

丹尼森进行经济增长因素分析的目的，就是通过量的测定，把产量增长率按照各个增长因素所做的贡献，分配到各个增长因素中，分配的结果用来比较长期经济增长中各个因素的相对重要性。

在 1985 年出版的《1929—1982 年美国经济增长趋势》一书中，丹尼森根据美国国民收入的历史统计数字，对上述各个增长因素进行了考察和分析，其结果被总结在表 4.3 中。

运用 1929—1982 年的数据，丹尼森计算出 2.92％的年实际产量增长率中有 1.9％应归功于要素投入的增加。

从表 4.3 中可以看出劳动力增加对经济增长的贡献相当大。其原因可以部分地从经济增长的分解式中得到解释，即劳动的产出弹性相对较大，所以劳动的增长率就有相对大的权重。

表 4.3　总国民收入增长的源泉(1929—1982 年)

增长因素	增长率(%)
总要素投入	1.90
劳动：1.34	
资本：0.56	
单位投入的产量	1.02
知识：0.66	
资源配置：0.23	
规模经济：0.26	
其他：－0.33	
国民收入	2.92

资料来源：Edward Denison, Trends in American Economic Growth, 1929—1982 (Washington, D. C. The Brookings Institution, 1985).

下面来看要素生产率增加或每单位要素投入量的源泉。令人震惊的事实是，知识的进展解释了技术进步对经济增长的约 2/3 的贡献。此外，资源配置这一因素对要素生产率增加的贡献也不可忽视。例如人们从薪水少的工作“跳槽”到更好的工作，从而导致产量的增加或收入的增长。另一个重要情形是劳动力从农村到城市的就业而引起的生产要素的再配置。

另一个因素是规模经济。从表 4.3 可以看到规模经济对单位投入的产量增长率的贡献仅次于知识。当经济运作的规模扩大时，每单位产量所需的投入更少，这主要是因为在小规模水平上使用技术经济的效率可能不高，而在更大的生产规模上则产生节约，带来规模经济效应。

据此，丹尼森的结论是，知识进展是发达资本主义国家最重要的增长因素。丹尼森所说的知识进展包括的范围很广。它包括技术知识、管理知识的进步和由于采用新的知识而产生的结构和设备的更有效的设计，还包括从国内的和国外的有组织的研究、个别研究人员和发明家，或者从简单的观察和经验中得来的知识。丹尼森所谓的技术知识是关于物品的具体性质和如何具体地制造、组合以及使用他们的知识。他认为,技术进步对经济增长的贡献是明显的,但是只把生产率的增长看成大部分是采用新的技术知识的结果则是错误的,他强调管理知识的重要性。管理和组织知识方面进步更可能降低生产成本,增加国民收入,因此它对国民收入的贡献比对改善产品物理特性的影响更大。总之,丹尼森认为,技术知识和管理知识进步的重要性是相同的,不能只重视前者而忽视后者。

4.3　能源消费、碳排放与经济增长

4.3.1　能源消费与经济增长

能源是自然界中为人类提供能量的资源,是人类赖以生存的基础,是世界发展和经济增长的最基本的驱动力。确切而简单地说,能源是自然界中能为人类提供某种形式能量的物质资源。其中包括煤炭、原油、天然气、煤层气、水能、核能、风能、太阳能、地热能、生物质能等一次能源和电力、热力、成品油等二次能源,以及其他新能源和可再生能源。

能源消费是指生产和生活所消耗的能源。能源消费按人平均的占有量是衡量一个国家经济发展和人民生活水平的重要标志。人均能耗越多,国民生产总值就越大,社会也就越富裕。在发达国家里,能源消费强度变化与工业化进程密切相关。随着经济的增长,工业化阶段初期和中期能源消费一般呈缓慢上升趋势,当经济发展进入后工业化阶段后,经济增长方式发生重大改变,能源消费强度开始下降。

经济增长通常是指在一个较长的时间跨度上,一个国家人均产出(或人均收入)水平的持续增加。经济增长率的高低体现了一个国家或地区在一定时期内经济总量的增长速度,也是衡量一个国家或地区总体经济实力增长速度的标准。

1. 能源消费系数与能源消费弹性系数

能源的发展能促进经济的发展,凡是在国民经济各部门中使用能源数量越多,

劳动生产率就越高，每个人所创造的财富就越多。同时，随着经济发展和人民生活水平的提高，非物质生产用的社会用能和生活用能数量也大幅度增加。所以，能源消费量和经济增长量之间有很密切的关系，从数量上看，有一个客观的比例关系，也就是有一个合适的能源消费系数。

能源消费系数是指每单位经济增长量(GDP、GNP、国民收入等)的能源需求。一般认为，一国能源消费数量和经济增长数量之间的发展变化规律为：低能源消费系数→上升→下降→低能源消费系数；或是高能源经济效率→下降→上升→高能源经济效率。

能源消费系数这一指标的作用：①考核一国能源的利用水平和效率；②计算节能的数量，这里的节能是指广义的节能；③能源预测，一般采用能耗定额方法对国民经济各部门的能源需求量进行预测；④预测经济增长，在供应有限的情况下，假定能耗定额，从而推算出可能的经济增长数量。

能源消费弹性系数用来表示能源消费量增长与经济增长之间的比例关系，并且据此来研究经济系统的能源消费效率和经济发展水平。能源消费增长速度和经济增长速度二者之间的关系通常呈“同步增长→超前增长→滞后增长→同步增长”的变化规律。即能源消费弹性系数“$\beta\approx1\rightarrow\beta>1\rightarrow\beta<1\rightarrow\beta\approx1$”的发展趋势。

从能源消费系数的变化规律可以看到，在工业化过程中，由低收入向中等收入发展的时期，能耗需要上升，因此能源消费增长速度需要超前于经济增长速度，β值应大于1；当能耗达到一定水平之后，保持稳定，β值应接近于1；而随着能源价格的上涨、科学技术的进步、管理的改善和产业结构的变化，能耗不断下降，这时β值应小于1。

能源消费弹性系数这一指标的用途：①能源弹性系数可以反映能源使用中开源和节约的关系，$\beta\geq1$就意味着为满足经济增长对能源的需求全部依靠开源解决；$0<\beta<1$则意味着开源和节能一起起作用，β值代表开源解决的比例，$(1-\beta)$值则代表节能解决的比例。②可用来为提高、降低和稳定单位能耗依据。

2.我国能源消费与经济增长情况

世界能源统计结果表明：2010年全球能源消费量增长率为5.6%，为1973年以来最高增幅，中国的能源消费增幅为11.9%，中国占全球能源消费的20.3%；2010年中国已经赶超美国成为世界最大能源消费国。2010年，全球煤炭消费增长率为7.6%，为2003年以来全球最快的增长水平。煤炭消费占全球能源消费的

29.6%，为 1970 年以来的最高水平。2010 年煤炭消费占全球能源消费的29.6%，而 2000 年为 25.6%。2010 年中国的煤炭消费增加了 10.1%，2010 年中国的煤炭消费占全球煤炭消费的 48.2%，几乎占全球消费增长比值的 2/3。

总的说来，能源消费总量的增长与生产的增长趋于一致。但受资源禀赋的制约，煤炭消费在我国一次能源消费总量中的比重较大。从图 4.3 中可以看出，建国初期，中国煤炭消费总量占一次能源消费总量的 90%以上，随着石油、天然气以及水电、核电、风电事业的发展，煤炭消费比重有所下降。1978 年，煤炭消费比重变为 70.7%。2013 年，煤炭消费比重变为 59.4%，水电等比重由 1978 年的 3.4%增加到 2013 年的 8.8%。中国目前也形成了“煤为基础、多元发展”的能源生产和能源消费结构。

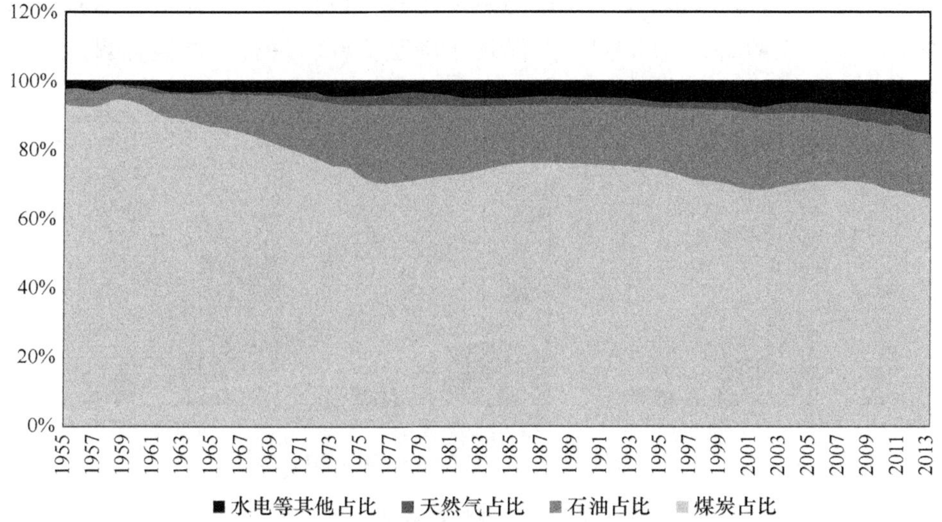

图 4.3　我国能源消费占比情况(%)(1955—2013 年)

从我国能源结构的图 4.4 可以看出，中国能源消费以煤炭为主，但是近年来在能源消费中煤炭消费比重逐渐降低，水电、核电、风电等比重在逐渐上升。

一般来说，一个国家的能源消费系数(即单位能耗)会随着工业化的进程，而经历一个迅速上升然后缓慢下降的过程。我们将我国单位能耗的发展分为两个时期：第一个时期为工业化发展时期，从新中国成立以后一直到党的十一届三中全会，第二个时期为改革开放至今。第一时期为单位能耗上升时期，可以分为三个阶段:第一阶段1953—1960年,为国内生产总值能耗上升阶段,从6.89吨标煤/万元上升到21.73吨标煤/万元;第二阶段1961—1967年,经过国民经济调整,单位GDP能耗不断下降,由21.73吨标煤/万元下降到1.207吨标煤/万元;第三阶段1968—1977年,由于"文化大革命",单位GDP能耗又快速上升,从1.207吨标煤/万元升至18.27吨标煤/万元。第一阶段的单位GDP能耗上升是正常的,因为这个时期产业结构中工业比重不断上升,由1949年的12.6%上升到1960年的46.3%,农业比重由68.4%下降到27.2%。但是这个阶段的后期,由于工业化速度过快,产业结构比例失调,因而第二阶段对产业结构进行调整,能耗逐渐下降,到了70年代,工业比重已经达到40%以上,接近工业发达国家的水平,按理说,能耗不应该再大幅度上升,但由于"文化大革命",造成第三阶段能耗回升。自从党的十一届三中全会以后,国民经济走上健康的发展道路,单位GDP能耗进入不断下降的时期,从1977年的18.27吨标煤/万元逐年降至2002年的5.39吨标煤/万元,年下降率为4.77%。

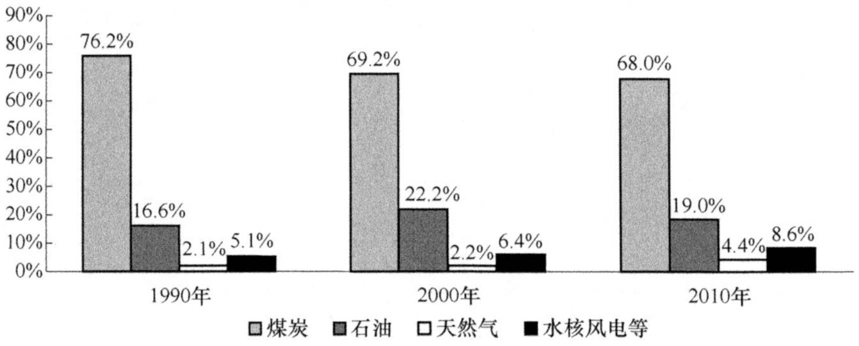

图4.4　我国能源结构

能源消费弹性系数能够反映一定时期一个国家或地区的能源消费与经济增长的关系,不同的国家或地区在不同的发展阶段能源消费弹性系数是不同的。图4.5为近年来我国的GDP增长率与能源消费弹性系数。

改革开放以前,我国的能源消费弹性系数除个别年份以外都大于1,表示工业化发展时期能源消费先行,经济是以粗放的方式获得增长,从而导致能源消费的增长大于经济的增长。我们的分析重点放在改革开放以后的1978—2014年,按GDP指数计算的GDP增长率,先稳步上升到1984年的15.16%这一高峰,然后经过大的波动,到1990年接近低谷为3.84%,接着又提高到1992年的1.424%,再逐步下降到 1999 年的 7.14%，最后几年增长相对平稳，在 7%～8%范围内波动，经济增长经历了两个相对完整的中长时期，并保持了相对较高的增长率。同期能源消费也经历了一个快速增长，然后逐步回落的过程(1997—1999 年)，其后慢慢回升。这一时期，能源消费与增长之间的关系变化很大。除了 1989 年和 2002 年的能源消费弹性系数超过 1 外，其他年份都没有超过 0.65，说明改革开放以后，经济增长的方式逐步由外延转向内涵。能源消费弹性系数反映出要素增长与经济增长之间的一定关系，能源消费弹性系数越大，经济增长所要求的能源投入就越多，反之亦然。与相对较高的经济增长率相比，自 90 年代中期以来中国能源消费的弹性系数呈现出下降趋势。

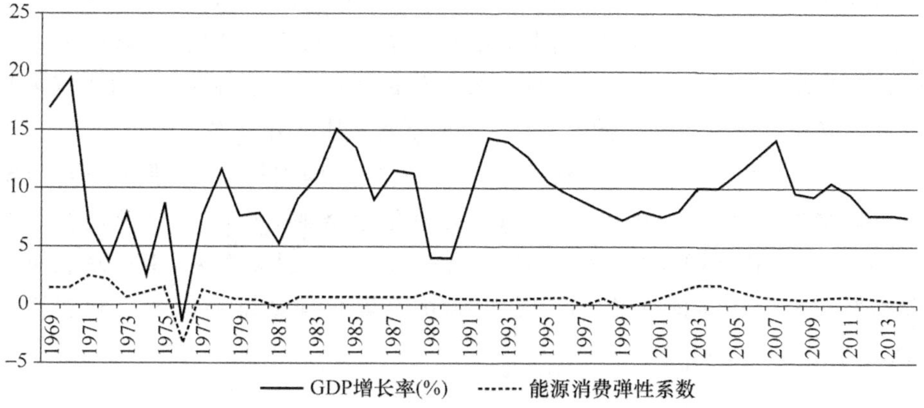

图 4.5　我国 GDP 增长率与能源消费弹性系数

资料来源：历年《中国统计年鉴》，中国统计出版社。

4.3.2　碳排放、能源消费与经济增长

碳排放是关于温室气体排放的一个总称或简称，温室气体中最主要的气体是二氧化碳，因此，所谓的“碳排放”可以理解为“二氧化碳”排放，本章的碳排放主要指化石能源碳排放。碳排放强度主要是用来衡量国家经济同碳排放量之间的关系，如果一国在经济增长的同时，每单位国民生产总值所带来的二氧化碳排放量在下降，那么说明该国就实现了一个低碳的发展模式。

改革开放之后，中国能源消费迅速增加，碳排放总量迅速增加。中国碳排放总

量由 1955 年的 5 043.6 万吨增长到 1978 年的 38 594.2 万吨，再增长到 2010 年的 207 618.5 万吨。1955—1978 年、1979—2010 年两个阶段碳排放总量年增长率分别为 9.25%和 5.35%。据国际能源机构（IEA）2011 年 5 月 24 日公布统计称，2011 年全球二氧化碳排放量比 2010 年增长 3.2%，达到 316 亿吨，创历史新高。其中，中国、印度等新兴国家的排放量增长迅速。全球二氧化碳排放量 2006 年至 2010 年的平均增量为 6 亿吨，2011 年排放增长迅速，增量达 10 亿吨。由于经济的发展和人民生活水平的提高，中国碳排放增长速度超过发达国家，2011 年碳排放量增加 7 亿吨以上，增幅达 9.3%，成为世界上最大的碳排放国。

但是当前地球大气中累计的温室气体中的近 80%来自发达国家排放，中国的历史碳排放量只占其余 20%中的一部分。中国的碳排放增长主要是改革开放以来，经济快速增长引起的，而发达国家工业化过程已有上百年时间，碳排放的历史累计总量是惊人的。因此，中国的碳排放累积量远低于发达国家，同时中国人均碳排放量也仅相当于发达国家的三分之一、四分之一甚至五分之一。

从图 4.6—4.8 可以看出，从 1955—2010 年中国碳排放、能源消费与经济增长在快速增加。1955—2010 年，中国碳排放总量增加 39.1 倍，能源消费总量增加 45.6 倍，而 GDP 增加 74.3 倍，从 1955—2010 年，总体看来，GDP 增长率高于能源消费增长率和碳排放增长率，经济的快速增长导致了能源消费和碳排放的增加。

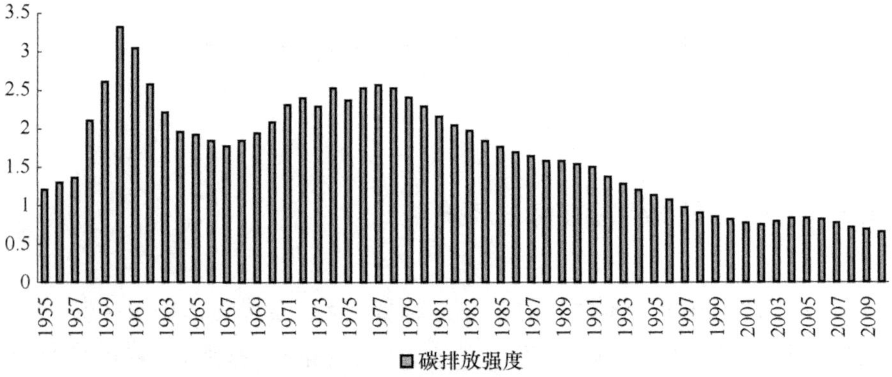

图 4.6　我国的碳排放强度（1955—2010 年）

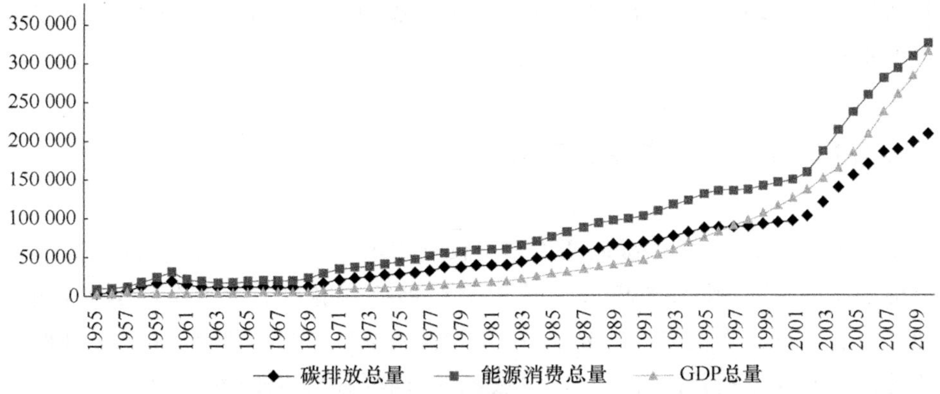

图 4.7 1955—2010 年碳排放、能源消费与经济增长趋势图

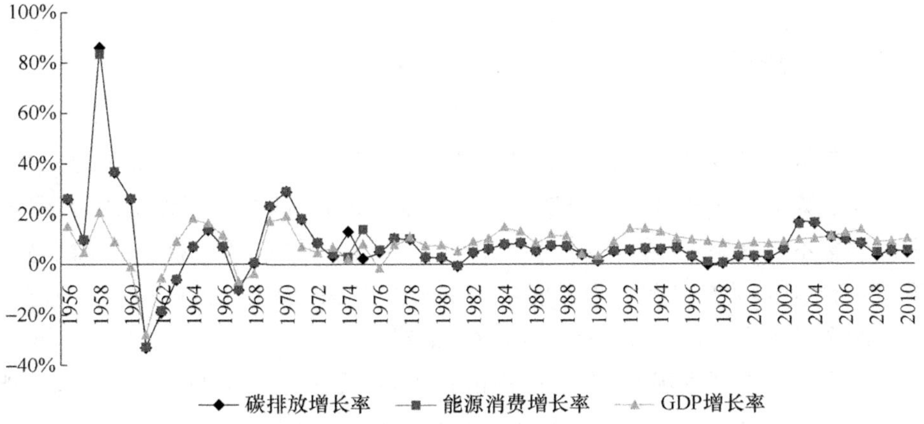

图 4.8 1955—2010 年碳排放、能源消费与经济增长率趋势图

4.4 政 策 建 议

经济增长是碳排放和能源消费增加的主要驱动因素，能源强度的降低有助于降低碳排放和能源消费。未来较长时期内，中国经济仍将持续、快速增长，碳排放、能源消费与经济增长之间的矛盾将会加剧。强制性降低碳排放和能源消费但同时

必将以牺牲经济增长为代价，但是减缓二氧化碳排放和能源消费的增长速度却是可以的实现。

4.4.1 合理控制能源消费总量

中国政府在2010年中国能源工作会议上指出，“十二五”期间我国能源消费总量目标控制在41亿吨标准煤，将逐步建立合理控制能源消费总量的倒逼机制，落实能源消费总量和强度双控的要求，应当建立总量分解落实机制，强化总量控制指标考核。同时建立完善的温室气体排放统计核算制度，逐步建立碳排放交易市场，推进低碳经济试点。抑制高耗能产业增长过快，突出抓好工业、建筑业、交通业、公共机构等领域的节能。

4.4.2 降低能源强度、提高能源效率

中国降低碳排放和能源消费的关键是降低能源强度，特别是工业能源强度，这需要提高能源效率来降低能源强度。改革开放以来，中国的能源强度迅速下降，能源利用效率不断提高，但能源强度仍然是世界平均水平的3倍，能源系统的总效率低下，不到发达国家的1/2。这说明中国能源从开采、加工、转换、输送、分配到终端利用的全过程中，有70%～80%被损失和浪费了。

由于中国是发展中国家，有最先进的技术，也有最落后的技术，因此提高能源效率的空间非常大。在“十一五”期间，中国淘汰了一批“小火电、小水泥、小造纸”等落后产能，中国单位GDP能源强度下降了19.1%，下降幅度为世界罕见。作为约束性的指标，中国政府提出到2015年能源强度比2010年下降16%的目标，“十二五”期间，可以参照“十一五”规划能源强度指标的处理方式，把能源强度约束指标分配到各个省，根据不同省份的实际情况，设立公平、有效的能源强度分配指标，以及应对不同能源强度的产业和能源政策。

4.4.3 优化产业结构，发展低碳产业

在“十二五”期间，中国应当有针对性地淘汰一批“高耗能和高污染”的企业，同

时进行产业升级。改革开放以来，中国经济迅速发展，特别是东南沿海地区，然而中国在世界生产链条上处于最末端位置，在整个过程中只能赚取少量的加工费。同时，不合理的产业结构也造成了资源浪费和环境污染。中国政府应当通过相关政策鼓励，比如减免税收或者税收返还等方式，促进产业升级，但是这部分资金必须用于产业升级和发展低碳产业上。同时，中国还必须加大技术研发和引进，提高能源转换和利用效率，进一步加快产业结构调整，发挥结构节能的作用，这样不仅解决了能源与环境问题，也促进了我国经济发展。

4.4.4　调整能源结构、大力发展新能源

中国目前正处在一个以高碳能源为主、低碳能源高速发展的阶段。低碳能源技术是中国能源科技发展的核心。近年来，中国低碳能源发展很快，但是中国“富煤、贫油、少气”的能源结构特点和经济的高速发展，决定了煤炭在较长一段时间仍将继续充当第一能源的角色。长期以来，煤炭这种高碳能源在中国一次能源生产和消费中的比例高达 70%以上，所以中国更加迫切需要低碳能源技术的创新。为降低化石能源消费、提高能效，中国必须调整能源结构，加快发展水电、核电和新能源等多种能源形式。

发展清洁能源是促进我国能源结构调整的重要方式之一。水电是一种既经济又清洁的可再生能源，中国是世界水能资源最多的国家，水能资源理论蕴藏量6.76 亿千瓦，占中国常规能源资源总量的 40%，仅次于煤炭资源。如果水能资源开发充分，每年至少可以提供相当 10 亿～13 亿吨原煤的能源。国家能源局对我国风电的定调是“积极有序发展风电”，组织实施“十二五”第二批规模为 1 500 万～1 800 万千瓦的风电项目建设计划。国家能源局对太阳能的定位是“积极发展”，组织实施“十二五”第一批规模为 300 万千瓦的开发计划。

重视新能源中的水电、核电、风电和太阳能的开发利用，并把新能源作为国家能源战略的重要组成部分，逐渐降低对煤炭、石油、天然气等化石能源的过度依赖。

第5章　能源开发与环境问题研究

5.1　能源开发利用中的环境效应

5.1.1　能源开发利用导致的环境问题

生态环境是一种为人类提供各种服务的“资产”。这是一种特殊的资产，因为它提供生命支持系统以维持人类生存与发展。所以，对环境的概念人们一般理解为：指与人类密切相关、影响人类生活和生产活动的各种自然（包括人工干预下形成的第二自然）力量（物质和能量）或作用的总和。它不仅包括各种自然要素的组合，还包括人类与自然要素间相互形成的各种生态关系的组合。构成环境的基本要素有：光、热、土、气、动植物，以及这些自然要素与人类长期共处所产生的各种依存关系。在人类社会发展中，环境的功能主要表现为：(1)它是人类生存与发展的终极物质来源，它类似于一个资源设施，一方面通过提供空气跟水源等能量支持生命发展，另一方面环境也提供多种劳务来促进经济活动，经济活动中利用了环境并将其转换为有效的产出。(2)它承受着人类活动产生的废弃物和各种作用结果，它又类似于一个垃圾库，人们在生产和消费过程中所产生的废物被排入环境当中。

环境问题的产生一方面来自原生，即自然因素引起的环境问题，如火山爆发、泥石流等，另一方面来自次生，即人为因素引起的环境污染和生态破坏。表5.1中显示了由人为活动所造成的环境破坏程度。大自然每年产出20万吨石油，海洋中的石油储备是它的 10 倍，而硫跟甲烷的排放量是自然水平的 3～4 倍。另一方面，CO_2的排放量只有自然基准线的 5%。在所有的这些情况下，能源部门在治理污染物的排放中扮演着至关重要的角色。同时，在能源系统中不同的活动（生产、转换和利用）会导致不同的环境影响。表 5.2 总结了煤、石油、天然气循环周期的显著性影响。化石燃料的燃烧产生许多气态污染物，包括硫氧化物、氮氧化物、碳单质和二氧化物以及颗粒物。这些气态污染物造成了诸如烟雾、酸雨、臭氧破坏以及全球变暖的现象。SO_2释放到大气中和水结合成硫酸，降落到陆地上就成了酸雨，酸雨造成了森林树木、水生生物、建筑物以及材料的损害。同样地，氮氧化物与水结合成为硝酸，也会造成同样的损害。

表 5.1　人类活动对环境造成的损害

名称	自然基准线	人类破坏指数	人类破坏的原因			
			商业能源供给（%）	传统能源（%）	农业（%）	制造业（%）
铅	12 000t/year	18	41			59
海洋石油储备	200 000t/year	10	44			56
镉	1 400t/year	5.40	13	5	12	70
硫	31 Mt S/year	2.70	85	0.50	1	13
甲烷	160Mt/year	3.75	18	5	65	12
固氮	140Mt N/year	1.50	30	2	67	1
汞排放	2 500t/year	1.40	20	1	2	77
一氧化二氮	33Mt/year	0.49	12	8	80	
颗粒物	3 100eMt/year	0.12	35	10	40	15
烃排放	1 000Mt/year	0.12	35	5	40	20
二氧化碳	150BtC/year	0.05	75	3	15	7

资料来源：引用自 Subhes C. Bhattacharyya，Energy Economics：Concepts，Issues，Markets and Governance，2011(529).

表 5.2　煤、石油燃料循环的环境影响

名称		固体废物	液体废物	气体废物	噪声污染	意外事故
生产	煤	损坏地形，矿井排水，稀土矿	甲烷，灰尘，CO_2，硫氧化物，氮氧化物	爆破，重型设备	洪水，爆炸火灾	
	石油和天然气	泥	排油，排水，雨水	甲烷，CO_2，硫氧化物，氮氧化物，燃烧	爆破	火灾，爆炸
转换电力	煤	灰，污泥	热水，灰浆植物废水	颗粒物，CO_2，硫氧化物，氮氧化物		火灾，爆炸
	石油和天然气		热水，排油，工厂废水	颗粒物，CO_2，硫氧化物，氮氧化物，煤气泄漏		火灾，爆炸
最终使用	煤	灰，污泥	热水，植物废物，灰泥浆	颗粒物，CO_2，硫氧化物，氮氧化物	火灾	
	石油和天然气	热水，排油	颗粒物，CO_2，硫氧化物，氮氧化物	火灾，泄漏		

资料来源：引用自 Subhes C. Bhattacharyya，Energy Economics：Concepts，Issues，Markets and Governance，2011(530).

次生环境问题即环境污染和生态破坏，除了人们未能认识自然生态规律外，从经济原因上分析，主要是人们没有全面权衡经济发展和环境保护之间的关系，只考虑近期的直接的经济效果，忽视了经济发展给自然和社会带来的长远的影响。长期以来，人们把水、空气等环境资源看成是取之不尽、用之不竭的“无偿资源”，把大自然当作净化废弃物的场所，不必付出任何代价和劳动。这种发展经济的方式，在生产规模不大、人口不多的时代，对自然和社会的影响，在时间上、空间上和程度上都是有限的。到了 20 世纪 50 年代，社会生产规模急剧扩大，人口迅速增加，经济密度不断提高，从自然界获取的资源大大超过自然界的再生增殖能力，排入环境的废弃物大大超过环境容量，出现了全球性的资源耗竭和严重的环境污染与破坏问题。仅 20 世纪 50—60 年代的“八大公害”事件就曾使成千上万的人直接死亡。

当环境被看成是一个废弃物的接受者时，就会有一个吸收废弃物并在系统内消化的限度。这种能力被称为吸收能力或者同化能力。一旦超过此限度，废弃物就会在环境中积累并且随着新的废弃物的产生，环境中的废弃物浓度水平会增加。当废弃物排放超过了环境的同化能力时环境问题就出现了。但作为造成这种问题的消费者却往往不为他们造成的损失而负责，这也造成了外部性的情况。

环境污染可以被看成是一个多维的问题。以下是对环境污染问题要重要考虑的几个方面。(1)环境传播媒介：污染可以以不同的介质被释放，造成对环境的破坏。空气、水、土壤和自然生态系统是最常被用到的传播介质。(2)空间维度：从某种意义上说环境破坏有一种空间维度的概念，就是环境破坏会影响地方一级(农村地区，城市地区)和地方社区的家庭中污染物的排放。一部分污染物是通过介质(空气或水)来传播，造成区域的损害(如酸雨)。一些污染物通过它们的影响能力来影响着整个世界(如全球变暖)。(3)污染物来源：污染物可能具备来自固定来源和不固定来源。(4)污染产生的时间模式：污染可能以连续或者不连续的方式产生。从发电厂烟囱排放的污染物就是以连续方式污染的例子。森林火灾污染就是以不连续方式产生的污染。(5)污染物的种类：有些污染物可能具有危险或有毒的特点，仅仅露出一点就会造成损害。另一些污染物当它们暴露在外的水平超过临界值时就会造成损害。还有一些污染物不会影响人体健康(中性的)但是会影响整体环境(如 CO_2)。(6)污染物周期：不同污染物有着不同的周期。一些衰退时间短(周期短)，另一些衰退时间则长。

5.1.2　环境价值

能源开发利用中的环境影响不仅是物质上的反映，也对经济、社会带来可以用价值评估的影响。但由于环境本身的复杂特性，这些影响通常无法通过市场交易体现出来。所以，市场机制在环境资源配置上往往会失灵。为了纠正市场失灵，把环境纳入市场体系运行框架之内，我们必须对环境影响进行“货币化”评估，使环境资源的稀缺性也能通过其“价格”反映出来。通过对环境影响赋予经济价值，有助于更清楚地认识到能源开发利用的环境影响与经济的关系，有助于提高人们的环境意识，促使人们转变商品价值观念，有利于制定合理的环境资源价格同时为制定合理的环境政策提供信息支持。

1. 环境价值构成

环境的价值称为总经济价值,总经济价值分为使用价值(或有用性价值)和非使用价值。使用价值又可以进一步分解为直接使用价值、间接使用价值、选择价值。

使用价值是当某物品使用或消费的时候,满足人们某种需要或偏好的能力,即人们在利用环境过程中所得到的效应满足。例如,一个鸟类禁猎区能给观鸟者及在该地区娱乐的人带来使用价值。同样,原始森林能给猎人、徒步旅行者带来使用价值等。直接使用价值是指由环境资产对目前的生产或消费的直接贡献来决定的。也就是说,是指环境直接满足人们生产和消费需要的价值。间接使用价值是指从环境所提供的用来支持目前的生产和消费活动的各种功能中间接获得的效益,其类似于生态学中的生态服务功能。选择价值又称期权价值,任何一种环境资产都可能具有选择价值,包括未来的直接和间接使用价值。选择价值的出现取决于环境供给和需求的不确定是否存在,并且依赖于消费者是想逃避风险还是喜欢冒险。因此,选择价值相当于消费者为一个未利用的资产所愿意支付的保险金,仅仅是为了避免在将来不能得到它的风险。以原始森林的使用价值为例,其直接使用价值包括提供各种生产用原材料、作为休闲娱乐场所、作为各种教育研究基地等方面。间接使用价值则包括其涵养水土、调节气候、维持生物圈功能等方面。选择价值则体现为人们愿意为保护原始森林以备未来之用,也就是该森林不是在现在被使用而是有可能在未来使用,选择价值与人们的支付意愿的数值有关。

非使用价值独立于人们对环境的现期利用的价值,是物品的内在属性,与人们是否使用无关。从某种意义上来说,非使用价值也体现了人类对环境价值的一种道义的关注。因为如果人们相信所有地球上的生物都有权按它们自己的意志而存在于这个星球,那么,即使对人类来说其并没有任何可利用之处,人们也会有动机去保护它,并因此而产生相应的支付意愿,这一支付意愿就是环境资源非使用价值存在的基础。

2. 环境价值评估

环境价值评估是通过一定的手段,对环境(包括组成环境的要素、环境质量)所提供的物品或服务进行定量评估,并通常以货币的形式表征出来。其基础是人们对环境改善的支付意愿或是忍受环境损失的接受赔偿意愿。按照环境物品、服务与市场的关联程度，其价值可以分为三类：(1)市场可直接交易的价值；(2)市场可间接交易的价值；(3)市场不可交易的价值。对应的评估方法分别为：(1)从直接受到影响的物品的相关市场信息中获得即直接市场评价法，包括剂量一反应法、损害函数法、生产率变动法、生产函数法、人力资本法、机会成本法、重置成本法等；(2)从其他事物中所蕴含的有关信息中获得即揭示偏好法，包括内涵资产定价法、旅行费用法、防护支出法等；(3)直接调查个人的支付意愿或接受赔偿意愿获得即陈述偏好法，包括意愿调查评估法等。

5.1.3　环境库兹涅茨假说

倒 U 曲线又被称为“库兹涅茨曲线”，是发展经济学中重要的概念，最初源于美国经济学家库兹涅茨 1955 年提出的用以解释收入分配状况与经济增长之间的关系的曲线。20 世纪 90 年代以后，随着环境数据的获得展开了对环境与经济增长的实证研究。1995 年普林斯顿的经济学家格鲁斯曼和克鲁格在发表的文章中提出了环境库兹涅茨(EKC)的假说，即污染程度随人均收入增长先增加，后下降，即人均污染和人均收入之间的倒 U 型关系，污染程度的峰值大约位于中等收入水平阶段。由此而进入了关于经济增长与环境关系研究的新阶段。

对于环境库兹涅茨假说目前学术界仍存在争论。这个假说的支持者认为，一般情况下，如果在没有改变经济结构或者技术的使用时，经济增长导致环境效应按比例增长，这称为规模效应。然而，经济正常的发展是分阶段的，最初是农业活动占主导地位，随后是经济的工业化，最后会是信息和服务活动为主的阶段。这种结构变化伴随着更好的环境意识、技术变化，并且有更好的环境管理措施来改善环境。不过也有一些反对者反对这个假说，体现在：(1)没有标准形状或关系是适用于所有的污染物或所有地区；(2)其结果是高度依赖于所使用的计量方法和数据分析。不同的研究者对于相同污染物已经报道出不同的结果，这表明结果缺乏稳定性；(3)当发生这种情况时，这种关系是无法解释其过程的；(4)经常会忽略环境破坏以及经济活动的反馈。如果环境损害足够厉害，经济活动很有可能受到影响，因此忽略这一重要因素并不能描述出正确的图像。如斯特恩(2003)的结论是，并没有强力的证据证明各国在收入上升时遵循常见的倒 U 型形状。韦伯和阿伦

(2010)得出结论,在环境质量与收入之间并没有一个统一的关系。此外,要达到拐点可能要几十年的时间,所以这一等待也变得毫无意义。解决这一问题需要积极的政策。

5.2 环境问题与市场失灵

5.2.1 环境物品的公共性与环境质量的恶化

1. 公共产品

社会产品按照消费主体可分为两大类:私人产品和公共产品。私人产品通常是由企业通过市场机制提供的社会产品和劳务,它在消费过程中同时具有竞争性、排斥性。公共产品是指公共使用或消费的社会产品和劳务,它具有在同一时间里可以使多个个体得益的特征,即它们被共同消费。介于公共产品和私人产品之间的,在消费过程中不同时具有非竞争性、非排斥性特征,也不同时具有竞争性、排斥性特征的社会产品和劳务,我们一般把这类产品称之为准公共产品或公共资源。

基于产品的上述两个特点,产品可以被确定为四种类型,如表 5.3 所示。各类产品的例子。包括:

(1) 纯私人物品:服装、手机等;

(2) 纯公共物品:航空,国防,警察;

(3) 公共资源:鱼类,水,油气;

(4) 准公共物品:私人海滩等。

表 5.3 产品分类

	竞争性	非竞争性
排他性	纯私人物品	准公共产品
非排他性	公共资源	纯公共产品

公共产品有两个主要的基本特征。

(1) 具有消费上的非竞争性，即在给定的生产水平下，向额外消费者提供产品的边际成本为零，某人对公共产品的消费并不影响其他人同时消费该产品获得的效用。

(2) 具有消费上的非排他性，即某人在消费一种公共产品时，不可能将他人排除在外，或者排除的成本很高。例如，一个城市或区域大气质量的改善，使 A 呼吸到新鲜空气的同时，不会减少 B 和其他居民享受新鲜空气带来的好处。

一个纯公共物品当其供应的边际成本为零时，对于从事供应的私人部门没有了激励。一个非排他性的商品，很难保证这个商品可以被别的商品所支付(很难检查是否搭便车)，这也阻止了私人投资。在这种情况下，市场中的国家干预是很有必要的。大多数环境物品，如空气，气候变化属于此种情况。

2. 环境物品的公共性

环境能够直接为消费者服务，是一种公共物品。这种特殊商品能够为每个人所消费，并极易接近和获得，具有非排他性和非竞争性。例如清洁空气、干净水源，每个人都能轻易获得和享用，每个人的享用都无法排除。同时也会产生"免费搭车者"，谁都不想治理环境，却都想享用已提供的环境，从而产生社会悖论。如牧场悖论：一个公共牧场，资源承载力(指草场牲畜量承载)是一定的，有若干牧民放牧。每个牧民都有两种选择：(1)与大家合作，有意识地组织控制各自的牲畜头数，使之与牧场的承载力相适应；(2)个人利益最大化，尽可能多地增加自己拥有牲畜的头数。显然，当每个牧民采取第二种策略时，若整个牧场上的牲畜没有超过一定头数时，自己每增加一头牲畜，将会给自己带来更多的收益。然而，当大家都这样做的话，整个牧场将会出现过载、退化、疾病、瘟疫，整体灾难将会降临到每个牧民头上。类似的现象经常发生在我们周围：集体林场中的乱砍滥伐，对鱼类和其他海洋生物的滥捕滥杀，向海洋、湖泊、河流排放污水，向大气排放废气等。

3. 环境质量的恶化

环境不仅是一个自然科学概念，而且还是一个经济学概念。从经济学的角度来看，环境是一种稀缺的日用品。稀缺意味着对一定的物品存在着竞争使用，而有部分需求不能满足。环境是一种公共产品，它也是自然资源的"提供者"以及废弃物的容纳场所。作为公共产品环境被无偿使用，特别是被作为无偿容纳废弃物地使用,零价格制度导致了环境的过度使用和环境质量的降低,也引起生产和消费的个人成本和社会成本之间相互背离。环境的这些特征使市场机制无法对其进行有效的资源配置。

作为群体的理智选择以及整体的长期利益,是维持资源的再生,实现合理的永续利用;作为个体的理智选择以及个人的短期利益,却是尽量多占用公共资源。每个人都会想,即使自己不多占用,别人也可能多占用,即使自己多占用一点,也不会对整个牧场资源有根本的影响。当群体的理智与个体的理智相互矛盾,或者短期利益与长期利益相互矛盾,就出现了社会悖论。社会悖论的结果是,当每个人都采取优超策略时,却会导致灾难性的社会后果,即生态破坏与环境污染。由于生态环境是公共财产,一旦破坏,就会导致每个人的利益受损。

环境污染的根源或环境质量之所以会恶化,关键是由于人们使用的环境资产的产权无法明确界定。大气、河流、湖泊和地下水等公共资源本质上不属于任何人所有。在公共物品缺乏产权制度安排的条件下,社会中的每个团体和个人都可以以自身的费用效益决策准则来利用环境资源,这势必造成无偿的过度滥用资源的倾向。如果没有道德来约束或法律来制约社会中的经济理性个体,那么社会必将由于环境的恶化而自食其果,即大家都在滥用自然资源的同时,不但损害了他人的利益,同时也由于资源的恶化,也损害了自身的经济福利,这种现象就是加勒特·哈定命名的“公地悲剧”。“公地悲剧”实质上就是公共资源的低效率配置。资源的公共性不会刺激任何人去有效利用或占有,结果大家都滥用到平均效益与平均费用相等为止。当然这种情况下资源利用量,将远远大于在考虑稀缺性租金情况下的资源使用量。

5.2.2 环境外部性

1. 外部性的含义

作为经济学中一个经久不衰的话题,外部性是新古典经济学的重要范畴,也是新制度经济学的重点研究对象。外部性问题不仅不断引发经济理论的创新,而且在环境保护等诸多领域得到广泛的应用。但是,外部性概念的定义至今仍然是一个难题。正如蒂博尔希托夫斯基所说,“外在经济概念是经济学文献中最难捉摸的概念之一”(蒂博尔希托夫斯基,1992)。在斯蒂格利茨的《经济学》、范里安的《微观经济学:现代观点》等著述中对外部性的定义均未有提及。

外部性是马歇尔于 1890 年在《经济学原理》一书中首先提出来的概念,而最先系统论述外部性理论的则是福利经济学创始人庇古。不同的经济学家对外部性给出了不同的定义,其中可以归结为两类,一类是从外部性的产生主体角度来定义,如萨缪尔森和诺德豪斯指出:“外部性是指那些生产或消费对其他团体强征了不可补偿的成本或给予了无须补偿的收益的情形”(萨缪尔森和诺德豪斯,1999)。另一类是从外部性的接受主体来定义,如兰德尔认为,外部性是用来表示“当一个行动的某些效益或成本不在决策者的考虑范围内的时候所产生的一些低效率现象;也就是某些效益被给予,或某些成本被强加给没有参加这一决策的人”(兰德尔,1989)。用数学语言来表述,所谓外部性就是某经济主体的福利函数的自变量中包含了他人的行为,而该经济主体又没有向他人提供报酬或索取补偿。即

$$F_j = f(X_{1j}, X_{2j}, X_{3j}, \cdots, X_{nj}, X_{mk}) \qquad j \neq k \tag{5.1}$$

这里,j 和 k 是指不同的个人(或厂商),F_j 表示 j 的福利函数,X_{ij}($i=1,2,\cdots,n,m$)是指经济活动。这函数表明,只要某个经济主体 j 的福利受到他自己所控制的经济活动 X_{ij} 的影响外,同时也受到另外一个人 k 所控制的某一经济活动 X_{mk} 的影响,就存在外部性。

上述两种不同的定义,虽然考察的角度不同,但在本质上是一致的。即外部性是某个经济主体对另一个经济主体产生一种外部影响,而这种外部影响是通过非价格机制的传递,即不能通过市场价格进行买卖。外部性可以分为正外部性(或称外部经济、正外部经济效应)和负外部性(或称外部不经济、负外部经济效应)。正外部性指一些人的生产或消费使另一些人受益而又无法向后者收费的现象;负外部性指一些人的生产或消费使另一些人受损而前者无法补偿后者的现象。

2. 环境外部性

环境外部性同样是指私人成本与社会成本、私人收益与社会收益的不一致,可分为环境污染的负外部性和环境保护的正外部性。

环境污染的负外部性是指企业或个人活动产生的污染物或污染因素使环境的构成和形态发生改变,环境质量恶化,从而对他人的生产和生活造成损害。

环境保护的正外部性则是指环境治理,也包括环境服务所产生的利于他人的外部效应。

就环境污染角度而言,环境外部性主要有以下几个特征。

(1) 非市场性。

即环境外部性的影响不是通过市场发挥作用,它不属于买者和卖者的关系范畴,比如市场机制无力对产生环境外部性的排污单位给予奖励和惩罚。

(2) 决策的伴生性。

由于个人决策的基础是生产的私人成本和私人利润动机,当边际私人成本小于边际社会成本时,外部性的产生便会超过最优水平,相反亦然,即排污单位决策动机不是为了产生环境污染的外部性,外部性是生产过程的伴随物。

(3) 关联性。

环境污染的外部性与受损者之间具有某种关联,它必须有某种负的福利意义。

(4) 强制性。

环境污染的外部性加于承受者身上,不以承受者的意志为转移,这种强制性不能通过市场机制来解决。要解决外部性问题,关键在于使环境成本内部化,这些相关内容在以下章节还要进一步讨论。

5.2.3 环境问题与市场失灵

所谓市场失灵,是指由内部功能性缺陷和外部条件缺陷引起的市场机制在资源配置某些领域中的运作不灵。通常而言,如果市场正常运行,那么它将使资源在不同用途之间和不同时间上得到有效配置。但是,市场要得以正常运行,有着严格的前提条件,其中包括信息的完全和对称、充分竞争、规模报酬不变或递减、经济活动中不存在外部影响等。如果这些条件不能得到完全地满足,则市场必定会出现这样或那样的问题,也就意味着它不再能有效地配置资源。大多数环境恶化和低效的资源使用现象都是由市场机制不健全、市场机制扭曲或根本就不存在市场造成的。

就环境问题而言,市场的失灵主要有以下几种表现。

1. 产权不明确

市场机制发挥正常作用的基本条件是有着明确界定的、安全的、可转移的和可操作的,并且涵盖所有资源、产品、服务的产权,产权明确是有效利用、交换、保护、管理资源和对资源继续投资的先决条件，我们可以看到，环境资源就很难符合市场机制正常运行所需的产权条件。

一般来说，在典型的市场经济中，产权必须是明确界定的，但是环境资源却难以明确界定，比如空气，人人都可以无偿享有，任何人不可能私自占有，它既然不属于某一特定的人，也就意味着人人可以免费使用，那么自然也就不可能激励人们去保护清新的空气。

具体而言，产权的明确包括以下几层含义。

首先，产权的占有必须是专一的或排他的，即如果某人拥有某资源的产权，他人对同一资源就不应具有同样的产权。

产权占有主体如果是多重的，那么无论该资产是多么安全的，也会打击所有者对资源投资、保护和管理的积极性。市场经济中的企业或个人是自我利益最大化的理性个体，如果有一方资产所有者已经对多重产权的资产进行保护，那么别的所有者就没有理由对该资产进行多重的保护，因为，他可以坐享其成保护的成果。就环境而言，坐享其成的后果是造成保护环境的激励机制的失效。最后，出现的情况是谁也不愿对环境保护进行投资，整个环境也就遭到破坏。由此可见，在产权多重性的条件下，个体的理性可能导致集体的非理性。

其次，产权必须是安全的。

如果存在政治经济上的不稳定，产权随时可能被剥夺，界定再明确，占有再专一的产权也是不安全的，在这种情况下，希望企业对环境质量之类的产品进行长期投资也是不可能的。

再次，产权还必须是可处置的。

明确界定、专一的、安全的产权如果不能在制度层次上得到处置，那么这个产权本身对合理利用资源仍然毫无作用。例如，国家宣布森林资源属于国有，如果不能在制度层次上进行有效处置，那么这对保护森林资源就没有多大作用。这里所谓“有效处置”，当然包括有效地监督违章活动并进行处罚。有效的处罚必须使犯规者受罚的预期损失大于犯规所得到的收益。例如，目前某些地区对造成污染的企业罚款很低，罚款额低于治理污染的费用，致使企业宁可被罚而不愿添置设备治理污染。在这样的情况下，“谁污染，谁付费”的制度反而变成了是对环境污染的激励。

最后，产权还必须是法律上可转移的。

如果产权不能转移，就会打击所有者投资和保护资源资产的积极性。如果所有权不能转移，所有者就可能不愿进行长期投资。例如，从地域上看，如果将来投资者离开原投资地，投资就作废了，人们就不愿进行长期投资。而且，市场机制也要求稀缺资源能够自由地投向最有效的用途，而产权的自由转移是保证这一点的途径。

2."无市场""薄市场"和市场竞争不足

市场失灵在环境问题上的第二种表现就是市场竞争不足从而造成所谓的"无市场""薄市场"。

首先，很多环境资源的市场还根本没有建立起来，或是根本不可能被建立起来，比如空气、臭氧层等，此类环境资源的使用价格为零，因而就容易被过度使用，从而造成日益稀缺。

其次，有些环境资源的市场虽然存在，但价格偏低，只反映了劳动和资本成本，没有反映生产中耗费资源的机会成本。当价格偏低时，任何企业都可以无所顾忌地排放废气和废水，因为并不需要支付污染给社会带来的高昂外部成本。

在"薄市场"上，买者和卖者的数量很少，他们之间的竞争也很弱。因而，即使存在市场，如果竞争不足，也将造成市场失灵。有效的市场应具备买者和卖者众多、产品比较单一、市场准入障碍较少等特点。如果竞争者太少，市场竞争就是不完全的。以水产业和能源产业等资源产业为例，其中存在垄断的主要原因就是存在规模经济，即随产量的提高，企业的生产成本持续下降，这就限制了众多中小企业的进入。竞争不完全的其他原因还包括基于法律和政治原因的准入障碍，以及信息成本过高、市场规模狭小等。

3.外部性

既然外部性是一经济主体对另一经济主体产生影响，且通过非价格机制进行传递，则其社会成本与私人成本必然发生差异。假如一个人的活动使他人无须付出代价而得到好处，即提供了"外部经济"，则私人成本大于社会成本；反之，一个人的活动使他人承担一部分成本而未给予补偿，引起外部性的人并不考虑他人承担的损失，而仅承担私人成本，也即"外部不经济"，则私人成本小于社会成本。正是由于外部性的存在引起成本收益不对称，这就会影响市场配置资源的效率，因为企业或个人进行决策的时候，只可能将其实际承担的成本和得到的收益进行比较。在无须对外溢成本进行赔偿的情况下，经济主体实际承担的成本小于其活动的总成本,因而会过量从事产生外溢成本的活动;相反,在外溢收益得不到报酬的情况下,就会选择较少地从事该类活动。外部性问题是市场失灵的重要根源之一。

市场无法有效克服环境保护中的外部性问题,尤其是负的外部性问题。企业发展生产,如果与此同时也引进环保设备治理污染,河流两边的居民就可以享受到清澈洁净的水流,这是正的外部性,这时的水流提供了公益性服务。但可惜的是,并没有激励机制去促使企业这么做。如果企业只顾生产而不顾废水废气污染环境,周围的居民就要承受乌烟瘴气的环境。此时就变成负的外部性,河流污染成了公害。这种污染对生活在企业周围的居民及全社会都是成本,但因为边生产、边治理会减少企业纯收益,所以企业既没有动力考虑也没有动力承担这一部分成本。更何况企业间竞争也不允许单一企业单独承担社会成本,只有全体企业都承担这种成本,单一的企业才不会在竞争中失败。在这里,成本同时包括了生产成本和环境成本。但目前的市场定价并不考虑外部性,就像目前的国民经济核算体系并不包括经过环境保护而产生的产值和收益一样,绿色环境成本仍处在市场关系之外。因此导致环境被严重破坏。

4.交易成本

交易成本是指交易中取得信息、互相合作、讨价还价和执行合同等所产生的费用,由科斯首先予以界定。

通常情况下,交易成本大小与市场交易所得的收益相比是微不足道的,但如果交易成本超过市场交易的收益,或者买者与卖者的数量太少,市场就难以形成。解决环境问题,尤其是全球性环境问题,需要巨额的交易成本,而高交易成本正是市场机制无法成功解决环境问题的原因之一。同样,确定和处置产权也有成本。如果这些成本高于产权带来的收益,产权和与之相联系的市场也不会产生。例如,为了建立产权保护渔业资源,一种可能的方案是把茫茫大海分给渔民,但这样做成本太高,不可行。在有些情况下,找到外部性的来源和大家都同意的解决办法,也需要极高的成本。而政府运用其权力实现外部性的内部化,所花费的成本比市场手段调节投入要低,这也是政府存在的原因之一。

5.不确定性和短视规划

环境资源的保护与治理涉及未来利益,这是无可争议的事实,但未来就意味着不确定性和风险。无论是否知道未来的结果,只要结果不只有一个,就会存在不确定性。例如，在治理大气污染的过程中，由气象条件引起的不确定性是决策者无法准确预料和控制的。时间越长，不确定性也越大。不确定性影响很多部门，环境资源受的影响更大。不过，当不确定性使人们对资源的开发更加保守时，反而有利于对资源的保护。

从实行可持续发展的角度讲，保护环境资源意味着为未来利益牺牲当前消费。但由于人们偏好实实在在的当前消费，所以可以对未来利益进行贴现，特别高的贴现率意味着当世人对某种资源的高度偏好。而高贴现率和低资源增长率相伴随，就完全有可能使该资源灭绝。

5.3 污染控制

5.3.1 一个简单的污染控制模型

所谓最优污染水平，是指能够使社会净收入最大化的污染水平。在理论上，最优污染水平可以用图 5.1 来分析。

横轴 Q 代表污染物排放量，假定生产过程中不可避免地要排放会导致污染的废弃物，那么，横轴 Q 同时也代表与污染物有关的生产规模，即：污染物排放量与生产规模同比例增加。纵轴代表边际成本 MC 或边际收益 MR。MNPR 是边际私人净收益曲线，它等于厂商不考虑外部成本时从事生产活动所得到的边际收益减去它所支付的边际成本之后的差额。MNPR 线向右下方倾斜，意味着随着生产规模的扩大，边际私人净收益是逐步下降的。这是因为，随着生产规模的扩大，边际生产成本将递增，同时该商品的市场价格将随着产量的增加而下降，从而导致厂商的边际收益下降。MEC 是边际外部成本曲线，MEC 向右上方倾斜，意味着随着生产规模的扩大，污染物排放量的增加，边际损害是递增的，所以边际外部成本逐步上升。一般来说，只要有生产就会有污染，因而 MEC 似乎应从原点出发向右上方延伸。这种想法没有考虑环境容量的影响。事实上，自然环境具有一定的容纳废物的能力，这种能力就是环境容量。如果将环境容量考虑在内，MEC 线的起点就是

Q_1点了。当生产规模及相应的污染物排放量低于 Q_1时，自然环境本身就可以将污染物稀释到不至于造成环境污染的程度，因而社会也就不必支付任何外部成本。只有当生产规模及相应的污染物排放量达到高于 Q_1的程度时，环境才会被污染，社会才不得不支付外部成本。这就是说，在生产和消费过程中，不排放会造成环境污染的废弃物是不可能的，但污染物的排放不造成外部不经济是不可能的，除非废弃物的排放量低于 Q_1。图 5.1 中 E 点是 MNPR 线和 MEC 线的交点即均衡点，该点所对应的生产规模或污染物排放量是 Q_2，Q_2就是最优污染水平。A、B、C、D 分别代表所在区域的面积，其中 $A=A_1+A_2$。

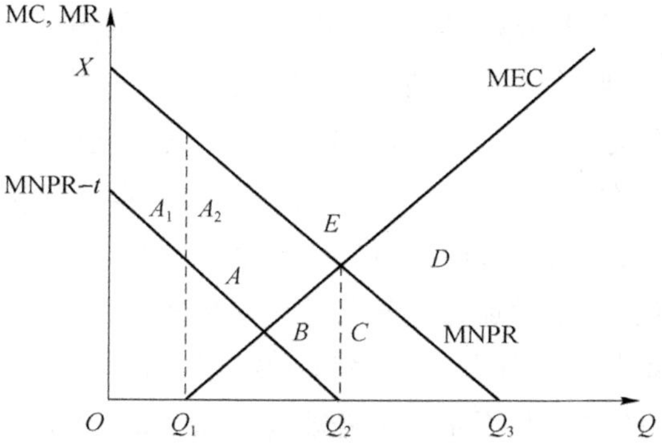

图 5.1　环境最优污染水平分析图

追求私人利润最大化的厂商，只要边际私人收益 MNPR 大于零，就会继续扩大生产规模，直到生产规模达到 Q_3 的值。这时，厂商得到的私人总收益就是 $A+B+C$ 区域面积。同时，厂商生产造成的环境污染，迫使社会为此支付外部成本。当生产规模为 Q_3时，社会支付外部成本就是 $B+C+D$ 区域面积。这表明，由于外部性的存在，出现了私人成本与社会成本、私人收益与社会收益之间的不一致，社会成本相当于私人成本加上外部成本，社会收益相当于私人收益减去外部成本。在生产规模为 Q_3时，社会收益相当于$(A+B+C)-(B+C+D)=A-D$。之所以把生产规模为 Q_2 称为最优污染水平，是因为在 Q_2 时，$D=0$，这时，社会总收益 $A-D$达到最大化。因此，所谓最优污染水平是指能够使社会收益最大化的污染水平。

5.3.2 污染控制手段

最优污染水平并不是厂商所期望的，厂商不会自动地将产量水平由 Q_3 调整到 Q_2，这就需要一种机制促进最优污染水平的实现。而目前所有机制的基础都是庇古手段或科斯手段。

1. 庇古手段

庇古认为，通过征税和补贴，就可以实现外部效应的内部化。这种政策建议被称为“庇古税”，并成为解决环境问题的“庇古思路”。

环境外部性既然是边际私人成本与边际社会成本、边际私人收益与边际社会收益的不一致，那么，在没有外部效应时，边际私人成本就是生产或消费一件物品所引起的全部成本。当存在负外部效应时，由于某一厂商的环境污染，导致另一厂商为了维持原有产量，必须增加诸如安装治污设施等所需的成本支出，这就是外部成本。边际私人成本与边际外部成本之和就是边际社会成本。当存在正外部效应时，企业决策所产生的收益并不是由本企业完全占有的，还存在外部收益。边际私人收益与边际外部收益之和就是边际社会收益。因此，在边际私人收益与边际社会收益、边际私人成本与边际社会成本相背离的情况下，依靠自由竞争是不可能达到社会福利最大的。于是就应由政府采取适当的经济政策，消除这种背离。政府应采取的经济政策是：对边际私人成本小于边际社会成本的部门实施征税，即存在外部不经济效应时，向企业征税；对边际私人收益小于边际社会收益的部门实行奖励和津贴，即存在外部经济效应时，给企业以补贴。

庇古思路在经济活动中得到广泛的应用。在基础设施建设领域采用的“谁受益，谁投资”的政策、环境保护领域采用的“谁污染，谁治理”的政策，都是庇古理论的具体应用。目前，排污收费等制度已经成为世界各国环境保护的重要经济手段。

从效率观点看，理想的税收水平应等于 t，t 就是 Q_2 生产规模时的资本边际效率 MEC。征税后，相当于使厂商的边际私人收益线 MNPR 下移到 MNPR$-t$ 的位置(见图5.1)。为了使其税后利润最大化，厂商会自动地将生产规模 Q 移向 Q_2 点。由于理想的税收就是最优产出点上的 MEC，这就意味着政府必须了解污染损失的货币值。

在 20 世纪 60 年代之前，经济理论基本上是沿袭庇古的思路，认为在处理外部性问题上应该引入政府干预力量，外部性产生者要么被征税要么给予补贴。这一传统被美国著名经济学家科斯于 1960 年发表的一篇重要论文“社会成本问题”所打破。

2.科斯手段

科斯指出：“人们一般将该问题（即外部性问题）视为甲给乙造成损害，因而所要决定的是如何制止甲，但这是错误的。我们正在分析的问题具有相互性，即避免对乙的损害将会使甲遭受损害，必须决定的真正问题，是允许甲损害乙，还是允许乙损害甲？关键在于避免较严重的损害。”科斯进一步强调：“在设计和选择社会格局时，我们应考虑总的效果。这就是我所提倡的方法的改变。”这集中体现在所谓的“科斯定理”中。

科斯定理的基本含义是科斯在“社会成本问题”一文中表达的。科斯是以“走失的牛群损坏邻近土地的谷物”的案例来说明他的论点的。他在市场运作充分完好（即交易费用为零）的假定下，分别讨论了养牛人对农场主的损失负责赔偿（即养牛人无权让牛群吃农场主的作物），以及养牛人不向后者提供赔偿（即养牛人有吃麦的权利）时的情形。他得出的结论是：这两种情形的结果相同，即都能使生产总价值最大。因为在对权利作出初始明确界定后，参与谈判的双方就会利用市场机制，通过订立合约，而找到使各自利益损失最小化的合约安排。所以，科斯定理的原意就是：只要市场交易费用为零，无论产权属于何方，通过协商交易的途径都可以达到资源的最佳配置。这一表述被称为科斯第一定理。

显然，没有交易费用的经济世界如同没有摩擦力的物理世界一样奇怪。因此，当我们运用科斯定理时，更多的是指科斯第二定理：在交易费用为正的情况下，不同的权利界定，会带来不同效率的资源配置。这就是说，只要交易费用不为零，就可以明确界定它的产权，通过产权之间的自愿交换来达到资源的最佳配置，从而抵制外部性的干扰，而无须抛弃市场机制。因为，只要产权界定清晰，交易各方就会力求降低交易费用，把资源使用到产出最大或成本最小的地方。正因如此，在科斯看来，外部性完全可由私人合约得到解决，亦即基于自愿交易的私人合约行为对市场运转有着自我修正的效能。

具体而言，科斯认为要解决环境外部性问题，要考虑到以下几点。

第一，外部效应往往不是一方侵害另一方的单向问题，而具有相互性。

例如,化工厂与居民区之间的环境纠纷,在没有明确化工厂是否具有污染排放权的情况下,一旦化工厂排放废水就对它征收污染税,这是不严肃的事情。因为,如果建化工厂在前,建居民区在后,那么,化工厂就可以拥有污染排放权。进而,要限制化工厂排放废水,不应由政府向化工厂征税,而是居民向化工厂"赎买"污染的排放权。

第二,在交易费用为零的情况下,"庇古税"是没有必要的。

此时,通过双方的自愿协商,就可以产生资源配置的最佳化结果。既然在产权明确界定的情况下,自愿协商同样可以达到最优污染水平,可以实现和"庇古税"一样的效果,那么政府就不必多管闲事。

第三,在交易费用不为零的情况下,解决外部效应的内部化问题要通过各种政策手段的成本—收益的权衡比较才能确定,"庇古税"可能是有效的制度安排,也可能是低效的制度安排。

这意味着,在交易费用为零的情况下,解决环境外部性问题不需要"庇古税",在交易费用不为零的情况下,解决环境外部性的手段要根据成本—收益的总体比较,也许庇古思路是有效的,也许科斯思路是有效的。可见,科斯思路是对庇古思路的一种扬弃。

因此,按照科斯的思路,在寻求解决外部性问题时,关键是如何实现社会总收益的最大化,而不一定要停止污染或减少污染,更不需要完全消除外部性。这里仍然用图 5.1 进行分析。在图 5.1 中,Q_2数量作为最优外部性而存在,此时的社会净收益达到最大化(因为这里 $D=0$,所以 $A-D=A$)。用图 5.1 来分析科斯的自愿协商方式,可以看到:假设受污染影响的人不具有对受污染的物质(如河流、空气等)的财产权,即污染者具有污染的权利,那么,被污染者就应该同污染者进行探讨并询问污染者需要多少钱才能放弃污染行为。从图 5.1 中可以看出,如果污染者将产量定在 Q_3 水平上,那么,被污染者可以同污染者协商,让污染者将污染减少到 Q_2 的水平。这样对双方有利,因为被污染者愿意支付不超过"$C+D$"的任何他所需要承受的成本,而污染者则愿意接受任何高于 C 的补偿。讨价还价的结果就是 Q_2 的水平,Q_2 正是最优生产水平。

假设被污染者拥有被污染的物质的财产权,即污染者没有污染的权利,那么,被污染者不会允许污染产品的生产量超过 Q_1 的水平,但是,污染者会支付给被污染者一些钱以使其自身的生产量增加。如果边际私人收益曲线 $MNPR$ 高于边际外部成本曲线 MEC,那么,被污染者同意增加产量。这种讨价还价的最终结果又

使生产规模达到 Q_2 点。这一点对双方都是有利可图的，因为被污染者只要得到高于 B 的补偿，污染者只要支付低于 A_2+B 的成本。

可见，在产权明确界定的情况下，自愿协商同样可以达到最优污染水平，可以实现与征税一样的效果。

第6章　内蒙古地区能源经济发展方式转变的路径

内蒙古地区能源资源禀赋比较好，再加上我国工业化步伐加快对能源需求旺盛的市场机遇，内蒙古地区逐步成为全国新兴能源基地，能源工业呈现出加快发展态势，并拉动内蒙古地区经济实现连续9年的高速增长。然而，在经济高速增长的背后也付出了沉重能源资源以及环境代价。特别是在2008年发生的金融危机以后，随着国外对"中国制造"市场需求的消失，能源产能过剩问题突然显露出来，这使我们不得不重新审视内蒙古地区能源经济的发展方式。这种长期依靠资源能源的投入而非技术进步、制度创新以及人力资本积累取得的经济增长的发展方式是否能够长期持续下去？由于石化能源本身具有的不可再生属性，内蒙古地区能源资源储量固然丰富，在今后的几十年内可以不考虑资源枯竭问题，但是几十年之后还不要考虑吗？除了传统的石化能源以外，内蒙古地区是否有必要发展新的清洁能源？这也是本章需要给予解答的问题。

6.1　概　　述

能源是我国国民经济发展的物质基础，也是保障国家安全的重要战略资源。随着我国工业化步伐的加快，能源在促进我国经济增长中的作用更加明显。由于我国辽宁、山西等一批传统能源基地已经出现资源枯竭的现象，内蒙古地区作为我国能源后备基地，开始作为正规军进入能源供给的行列。然而，内蒙古地区的资源在重开发、轻保护、轻勘查的情况下，能源状况受到不断的破坏，日益暴露出很多问题。因此，提高内蒙古地区能源的开发利用效率，转变传统以石化能源为主的能源经济发展方式，增强内蒙古地区能源经济可持续发展能力显得日益迫切。

本章依据能源价值理论、能源可持续发展理论研究内蒙古地区能源经济发展方式转变，在一定意义上丰富了能源经济发展方式理论；本章本着低碳经济、循环经济、生态保护、技术创新原则，系统地提出了优化能源结构、提高能源开发利用效率、延长煤炭产业链条、加快发展新能源等路径，促进内蒙古地区能源经济发展方式转变，对于缓和经济增长与环境污染之间的矛盾，实现内蒙古地区能源经济又好又快发展具有重大的现实意义。

6.1.1　国内外研究综述

为了实现能源经济可持续发展、社会全面进步、建立资源节约和环境友好型社会的目标，世界各国已经把能源经济可持续发展提上日程，纷纷制定能源经济发展战略，将合理有效地利用常规石化能源、研发新型清洁能源作为基本国策。

综合来看，国外能源可持续发展主要从生态层面、社会层面、经济层面来研究。在生态层面主要强调环境保护与资源的永续利用，[①]如 Holling 在 1986 年从生态系统稳定性角度研究了能源可持续发展。[②] 布氏和巴信尔等人提出把“环境保护与经济发展的合理动态平衡”作为衡量可持续发展的重要评价指标。关于社会层面的研究：Incn，Unep 认为可持续发展是在生存与不超越维持生态系统涵容能力情况下，提高人类的生活质量。Brown 认为可持续发展是人口规模处于稳定，高效利用可再生能源，有集约高效的农业，生态系统的基础得到保护和改善，持续发展交通运输系统、新的工业和新的工作、经济从增长到持续发展，政治稳定，社会秩序井然的一种社会发展。[③] 经济层面的可持续发展：如 Barbier 认为可持续发展是保持自然资源质量前提下使经济净利益增加到最大限度。

我国能源储量丰富，但是人均占有量相比严重不足，而且能源分布不均匀。基于我国能源存在的特点和国内经济发展的特殊国情，对于我国能源可持续发展的研究比较多。

---

① 杨为民，基于煤炭资源的区域经济可持续发展研究，辽宁工程技术大学，2006－04。

② 王仲瑀，黑龙江省能源可持续发展研究，东北林业大学，2007－05。

③ Brown L R. Buildinga Sustainable Society. New York：Norton W W，1981.

20世纪90年代，如林宗虎、潘家铮(1997)等、周风起(1998)戴金星(1999)都对我国能源可持续发展道路做了论述。

进入21世纪，对于能源可持续发展研究也进入了新阶段，研究更加趋于政策化和实际化。熊筱红(2002)分析了我国能源可持续利用；张世坤(2004)在分析我国当前的能源问题后提出了未来能源发展战略；赵燕娜等(2005)从能源经济的可持续发展理论出发，构建了能源利用、环境、经济和社会为基础的四个子系统的可持续发展的评估体系，根据评估结果进行原因分析，提出了实现我国能源经济可持续发展的对策措施；王仲瑀(2007)将黑龙江省能源可持续性的预测引入3E模型和情景分析模型，构建了黑龙江省“HET”能源可持续发展模式，提出了黑龙江省能源可持续发展的对策建议；同时，也有很多学者对内蒙古地区能源发展相关问题进行了研究，如张斯琴(2008)对内蒙古地区节约型能源结构优化研究，陈伟(2009)对内蒙古地区煤炭产业优势及发展的研究，李洁(2009)基于可持续发展的内蒙古地区能源结构优化战略研究等。

6.1.2 研究方法和创新之处

1.研究方法

利用综合分析方法，分析内蒙古地区传统能源经济发展方式存在的问题及其负面效应；运用调查分析方法，通过对内蒙古地区个别地方的调查，得出翔实的数据，为本章的主要观点做例证；理论与现实相结合的研究方法，运用能源可持续发展理论、能源价值理论为本章的观点提供理论依据。

2.创新之处

本章根据对内蒙古地区能源经济发展方式的全面分析，找出了存在的问题及其负面效应，并本着低碳经济、循环经济、技术创新、生态保护原则提出内蒙古地区从传统的粗放的能源经济发展方式向新的可持续的能源经济发展方式转变的基本路径和政策支持，这是本章的创新之处。

6.2　内蒙古地区能源经济发展方式转变的基础理论

能源是经济增长、社会发展的基本驱动力，是人类赖以生存的物质基础。内蒙古地区能源富集，近十年来能源产业得到快速发展，已经成为内蒙古自治区的五大支柱产业之一。但能源产业属于典型的资本密集型产业，而且具有高投入、高消耗、高污染的特点，长期下去对我国今后经济增长以及环境保护构成巨大威胁，而且严重制约着内蒙古地区经济发展方式由传统依靠投入的外延型经济发展方式向依靠技术进步、制度创新、人力资本积累的内涵型经济发展方式转变。因此，运用现代可持续发展理论研究内蒙古地区能源经济发展方式是一项具有重要现实意义的课题。

6.2.1　能源经济发展方式概念界定

一般来说，能源经济包括能源生产、交换、分配和消费的全部经济活动。能源经济发展方式是指能源作为经济发展的必要物质资料是以怎样的生产和消费方式拉动经济持续快速增长。学术界通常把能源经济发展方式概括为两种：即传统粗放型的能源经济发展方式（旧能源经济发展方式）和现代的可持续的能源经济发展方式（新能源经济发展方式）。

传统能源经济发展方式主要以石化能源的生产和消费为主，表现出高投入、高消耗、高污染的特征，在拉动经济快速增长的同时，也付出了巨大的生态和环境代价。现代能源经济发展方式是在总结传统能源发展方式弊端的基础上，以科学发展观为指导，更注重传统石化能源资源的节约利用，生态环境的保护，并通过技术创新寻找清洁替代能源，使能源生产和供应向多元化方向发展，打破因石化能源枯竭而阻碍经济发展的瓶颈，从而使能源经济又好又快地发展。

传统能源经济发展方式和现代可持续的能源经济发展方式两者之间存在着本质的区别。

第一，传统能源经济发展方式以不可再生的石化能源的消耗特别是煤炭的消费为主，是高污染、高消耗、高碳、不可持续的；而现代的能源经济发展方式更注重传统石化能源的高效利用、循环利用，通过延长产业链条提高传统石化能源的附加值，同时发展清洁能源，如风能、太阳能和生物质能等，使能源生产和供应多元化，防止由于传统石化能源枯竭而导致的经济衰退，使低污染、低消耗、低碳可持续。

第二，传统能源经济发展方式主要依靠对石化能源的开采，特别是以对煤炭的简单开发利用为主，依靠资源红利获取经济价值。相反，现代可持续的能源经济发展方式是依靠知识积累与技术进步，提高社会生产力来获取经济价值。

第三，传统能源经济发展方式是以高投入、高污染换取经济增长，而现代可持续的能源经济发展方式主张"资源—产品—再生资源"所构成的物质循环利用，本着"减量化、再利用、资源化"的循环经济原则，减少对静态资源的开采和对生态环境的污染，并且通过加强对新能源、可再生能源、清洁能源的开发利用，减少对传统的不可再生能源的消耗，使寻找替代资源的速度超越对传统石化能源的消耗速度，使自然环境的净化能力超越对环境的污染速度，目的是达到和谐发展、文明发展和绿色发展。

第四，传统能源经济发展方式是以消耗不可再生的石化能源为主，长期下去必将面临资源诅咒的威胁；而现代可持续的能源经济发展方式是以取之不尽、用之不竭的清洁可再生能源的消耗为主，符合资源节约、环境友好的可持续发展理念。

6.2.2 能源价值理论

在经济利益的驱使下，人类对石化能源特别是煤炭进行了大规模无节制的开采和利用，造成了现有石化能源的浪费性消耗和生态环境的严重破坏，而生态环境的恶化反过来也阻碍人类的生产发展，甚至危及人类自身的生存。人们逐渐意识到煤炭等石化能源不仅具有经济价值，而且还具有生态环境价值。其经济价值主要取决于能源本身的化学构成和品位高低、开发能源所需的成本、能源的运输距离和难易程度等；能源的生态环境价值主要包括人类在开发利用能源过程中对生态环境系统的污染、废物排放、环境恶化等的恢复成本以及提高能源更新能力的社会投入等。现代能源价值理论认为应使人类对过度开发利用能源的负外部性影响内部化，使资源的价值得到合理评估与补偿，保护人类赖以生存的生态环境，完善能源使用开采中的劳力及资源补偿机制，减小资源的无偿占有和浪费性使用，从而更好满足人类社会发展需要。

6.2.3 能源可持续发展理论

根据能源可持续发展理论满足当代人对能源的需求，不能以牺牲后代人的利益为代价，即人类对当今不可再生能源特别是石化能源的耗竭速度不能超过寻求替代能源的速度，目的是给后代人留下更为广阔的可持续发展空间。能源经济可持续发展方式依据三个基本原则：一是公平原则，即当代人在发展机会、享受发展成果和满足当代人需要的同时，不损害后代人满足其需要的权力。其中包括三层含义：首先是本代人的公平即同代人之间的横向公平性。能源可持续发展要满足全体人民的基本能源需求和给全体人民机会以满足他们要求较好生活的愿望；其次是代际间的公平，即世代人之间的纵向公平性。要认识到人类赖以生存的能源储量是有限的，本代人不能因为自己的发展与需求而损害人类世世代代满足需求的权利，要给世世代代以公平利用能源的权利；最后是公平分配有限资源。二是可持续原则，即经济、社会、人口、资源与环境的协调发展，人口发展、经济发展和社会发展不能超越资源和环境的承载力限度。三是共同原则，即实现可持续发展的共同目标需要全球共同行动。据相关报道："我国是能源资源严重短缺的国家，石油、天然气人均剩余可采储量仅有世界平均水平的7.7%和7.1%，储量比较丰富的煤炭也只有世界平均水平的58.6%。"按目前探明储量和开采能力测算，我国煤炭、石油、天然气的可采年限分别只有80年、15年和30年，而世界平均水平分别是230年、45年和61年。从长远来看，如果以目前的能源经济发展方式来开发利用现存的静态石化能源，要实现能源经济可持续发展的目标是不可能的。而且，随着近年来能源消费急剧增长，供需矛盾日益突出，能源已经成为我国经济社会持续发展的瓶颈制约。内蒙古地区作为我国能源地区，在未来的能源供应行列扮演着重要角色，依据能源可持续发展理念开发利用内蒙古地区石化能源，在保证能源供给的前提下，加快开发替代新能源，使世世代代人们享受到公平利用能源的权利，这是内蒙古地区能源经济发展过程中要重点考虑的问题。

6.3 内蒙古地区能源经济发展方式现状分析

进入21世纪,内蒙古地区实施了工业优先发展战略,加快能源开发,使得能源产业成为内蒙古自治区五大支柱产业之一,并拉动了内蒙古地区经济持续快速增长。那么内蒙古地区能源经济的迅速崛起凭借的是什么?成为支柱产业所表现出来的特点又是什么?

6.3.1 内蒙古地区具备发展能源经济的天然有利条件

内蒙古地区能源储量丰富,不仅拥有煤炭、电力、石油和天然气等能源,而且还包括丰富的风能、太阳能和生物质能等清洁能源。

1. 内蒙古地区煤炭资源储量丰富

在内蒙古地区全区118万平方千米的国土上,已查明含煤面积12万平方千米,约占全区国土面积的1/10,12个盟市均有查明的煤炭资源,特别是有“煤都”美称的鄂尔多斯,煤炭探明储量占全国的1/6,占内蒙古地区煤炭探明储量的一半。截至目前,内蒙古自治区已探明煤炭储量达到7 413.9亿吨,居全国第一位。而且,内蒙古地区煤田聚煤条件好,煤种齐全,厚煤层多,多数煤田具有地质构造简单,煤层埋藏浅,易于开采等特点。

2. 内蒙古地区的油气资源储量也非常可观

在内蒙古地区全区范围内,有13个可供石油天然气勘探的沉积盆地,全部面积达47万平方千米,约占全区石油天然气勘探总面积的40%。[①] 其中6个盆地发现工业油气流,预测石油资源总量为30亿~40亿吨,主要分布在二连盆地、呼伦贝尔海拉尔盆地、开鲁盆地和鄂尔多斯盆地南部等地区。天然气主要集中在鄂尔

---

① 张珍,内蒙古地区天然气资源开发利用前景广阔. 内蒙古地区石油化工,1999年1期。

多斯盆地，该盆地天然气总资源量约10.7万亿立方米，内蒙古地区自治区境内天然气资源量约4.6万亿立方米，占全盆地天然气总资源量的41.8%。截至2009年6月，内蒙古地区共探明石油和天然气产地46处，石油地质储量54 852.91万吨，技术可采储量10 117.31万吨，天然气地质储量10 013.95亿立方米。这为内蒙古地区开发利用油气资源提供了重要的先决条件。

3. 内蒙古地区具备发展清洁能源的条件

由于优越的地理位置和气候条件，内蒙古地区风能和太阳能资源储量也十分丰富。内蒙古地区地域辽阔、人口稀少、风能分布广、稳定性好，是我国陆上风能资源最丰富的地区。据资料显示："在国内约26个省区的风能资源中，大约有32亿千瓦装机容量可供开发，而内蒙古地区可供开发的风能达14.6亿千瓦时，占到了全国的约一半。"[①]并且内蒙古自治区风速的季节变化和日变化规律基本上与生产和生活用电规律相吻合，且大部分地区为平坦的草场，十分适宜建设大型风电场。内蒙古地区属于干旱和半干旱大陆式季风气候，太阳能资源也极其丰富。日照时数长、晴天日数多，年日照时数在2 600至3 200小时，年太阳辐射总量1 331～1 722千瓦时/平方米，每平方米辐射量在4 800兆焦耳至6 400兆焦耳，仅次于西藏自治区，居全国第二位。

4. 内蒙古地区生物质能资源储量居全国之首

内蒙古地区属于传统的农牧业大省，生物质资源储量也十分可观。据统计数字显示，首先用于生产燃料乙醇、生物柴油的原料油菜籽、大豆、蓖麻、文冠果、甜高粱等种类多、面积大、产量高；其他作为生物质能源的森林采伐剩余物、灌木林以及牲畜粪便等，内蒙古地区也有丰富的储量。

内蒙古地区丰富的石化能源以及风能、太阳能和生物质能资源为打造新的能源后备基地提供了天然有利条件。这也是内蒙古地区在近十年来能源经济迅速崛起的基础条件之一。

6.3.2 能源经济成为内蒙古地区的支柱产业

自进入21世纪以来，内蒙古地区抓住了国内外对能源需求高涨的机遇，加快

① 李洁，基于可持续发展的内蒙古地区能源结构的优化战略分析，2009-05。

能源开发特别是煤炭资源的开发，形成了内蒙古地区独具特色的以煤炭和电力为主体的能源产业体系。

1. 煤炭生产总量逐年快速递增

内蒙古自治区地域辽阔、煤炭资源储量丰富，现已成为全国重要的能源保障基地。自2002年以来，内蒙古地区抓住了国内外能源需求旺盛的大好机遇，加快发展能源经济，煤炭生产总量逐年快速增长。如图6.1所示，内蒙古地区煤炭产量由2002年的11 497.63万吨增加到2009年的60 058.45万吨，增加48 560.82万吨，平均年增长率为26.64%。特别是在2008年国际金融危机，国内外能源需求总量下降的情况下，内蒙古地区的煤炭产量仍然以30.2%的速度增长。2009年内蒙古地区煤炭产量达到6.37亿吨，比上年增产17 188万吨，增长率为37%，比中国传统煤炭生产基地山西省的产量高出2 200万吨，位居全国第一。从图6.1中我们可以看出内蒙古地区煤炭产量的增长率除了2005年和2007年接近生产总值增长率，其他年份都高于内蒙古地区生产总值年增长率。可见，内蒙古地区煤炭产业在拉动内蒙古地区经济增长中的作用十分巨大。近年来，内蒙古地区通过关闭、淘汰、整合等措施，加大对大型煤矿和煤炭企业的扶持力度，使得煤矿数量大幅度减少，内蒙古自治区煤矿总数由2000年的2 009处减少到现在的501处。目前，内蒙古地区生产规模10万吨/年以下的小煤矿已全部退出市场，煤炭资源整合走在全国前列。

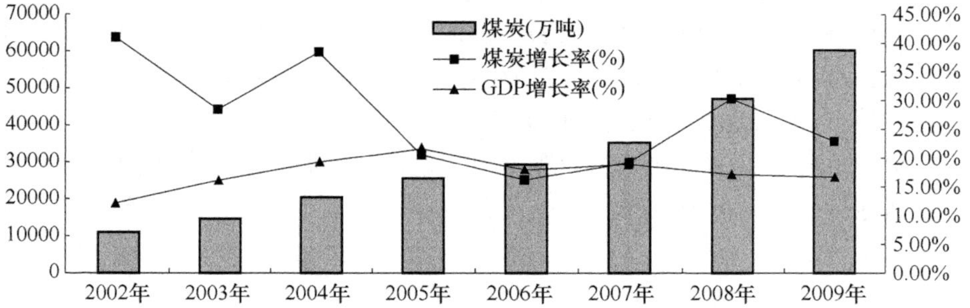

图6.1 2002—2009年内蒙古地区煤炭产量、增长率及GDP增长率

2. 火电发电量持续快速增长

内蒙古地区是我国重要的能源及电力输出基地，2009年内蒙古地区电力装机

达到 6 100 万千瓦，较上年增长 22.7%，发电量总计 2 239.85 亿千瓦时，较上年增长 5.0%。近期，从内蒙古地区新闻网了解到，全区电力工业发展态势向好，2010 年发电量再创历史新高，累计完成发电量达到 2 483.88 亿千瓦小时，较上年增长 13.1%。截至 2010 年 2 月底，内蒙古自治区电力总装机容量和外送电量都居全国省区市第一位。其中 60 000 千瓦及以上发电场装机容量达到 6 703 万千瓦，占全国总装机容量的 7.14%，2010 年全年外送电量 1 064.46 千瓦时，连续六年居全国第一位。从图 6.2 可以看出，2002 年以来内蒙古地区的发电量持续快速增长，虽然 2008 年受国际金融危机的影响，发电量增长速度趋缓，但是仍然以 22.7% 的增长速度连续五年居于全国之首。内蒙古地区的电力产业为拉动内蒙古地区以及全国的经济持续快速增长做出了巨大的贡献。

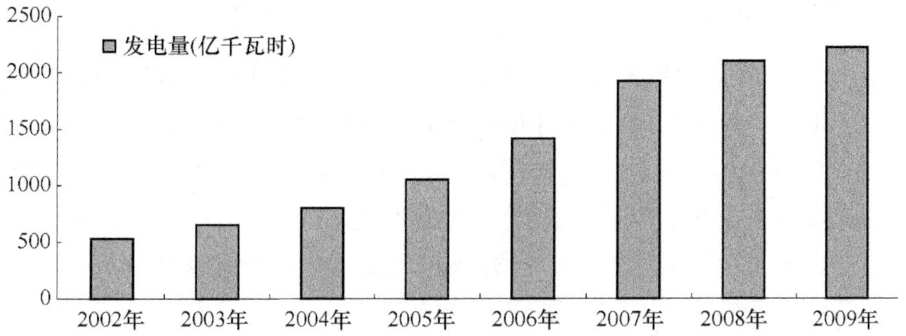

图 6.2　2002—2009 年内蒙古地区火力发电量

3. 石油、天然气产量呈增加态势

近年来，内蒙古地区境内石油、天然气勘探工作取得重大突破，探明储量逐年增加。截至 2009 年，石油产量为 188.85 万吨，较上年增长 8.0%。天然气产量为 146.31 亿立方米，较上年增长 45.7%。内蒙古地区天然气产量和消费量占内蒙古地区的能源生产和消费的比重也稳步上升。天然气产量由 2002 年的 8.49 亿立方米增加到 2009 年的 146.31 亿立方米，增加 17.2 倍，年平均增长率为 50.18%。天然气占能源生产和消费比重分别由 2002 年的 1.22% 和 0.05% 上升到 2008 年的 4% 和 2.5%。从图 6.3 我们可以看出，内蒙古地区的石油产量从 2002 年到 2006 年明显增加，进入"十一五"以后，石油的产量一直处在持平或者略微有所增长的状态，内蒙古地区的天然气产量却明显的快速增长，在能源的生产和消费比重中不断地呈现上升趋势。内蒙古地区石油天然气产业仍然有很大的发展空间。

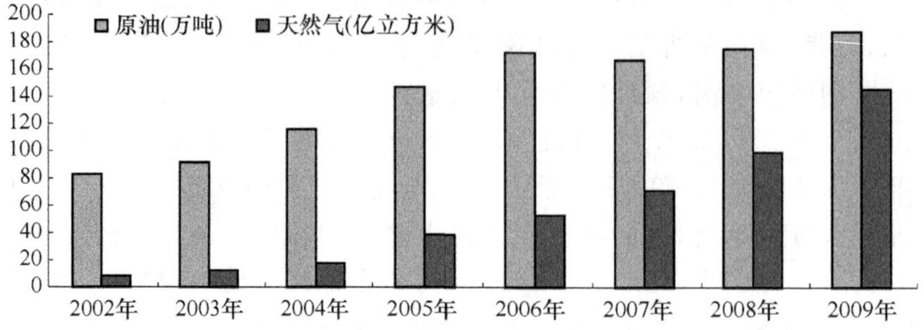

图 6.3　2002—2009 年内蒙古地区石油、天然气产量

4.清洁能源在探索中崛起

2005 年以来内蒙古地区风电快速崛起,在广袤的草原上掀起了风力发电投资热潮,超过 200 家企业进军内蒙古地区风电产业,大批风力发电项目陆续建成投产。截至 2008 年年底,内蒙古地区并网运行的风电机组容量突破 200 万千瓦。受国际国内宏观经济影响,2009 年内蒙古地区供电负荷增长趋缓,在相当数量火电机组出力受限的情况下,风电发展势头依然迅猛,风电机组容量达到 300 万千瓦,占全国风电装机总容量的 25%,居全国首位。

近几年来,内蒙古地区的太阳能产业也开始起步,内蒙古地区伊泰集团于 2007 年建成国内首座 205 千瓦太阳能聚光光伏示范发电站。电站采用了先进的数倍聚光跟踪光伏发电技术,与传统的平板光伏电池相比,发电效率提高了 25%以上,发电成本降低了约 50%,光伏电池寿命期内的发电量也提升到了耗电量的 10 倍以上。① 目前,内蒙古地区呼和浩特市、包头市、阿拉善盟、锡林郭勒等地陆续开工建设太阳能级多晶硅项目,打造太阳能电池片、太阳能组件等光伏产业基地。

生物质发电是良好的变废为宝的资源利用方式,在欧美发达国家,生物质能已经成为重要的能源利用形式并获得迅猛发展。内蒙古地区发展生物质能源拥有巨大的潜力。目前,随着培育战略性新兴产业包括新能源开发,内蒙古地区越发重视生物质发电的作用。政府尽管没有出台具体的政策、意见和措施,但是正在深入研究和分析生物质能源对未来内蒙古地区经济、社会所产生的影响,并着手培育生物质新能源产业。

① http://www.sxcoal.com,2009 年 12 月 05 日,来源:新华社。

6.3.3　内蒙古地区能源经济发展的特点

长期以来，内蒙古地区以传统的农牧业发展为主，工业产业十分落后。随着全国快速工业化阶段的到来，特别是西部大开发战略的实施为内蒙古地区能源经济发展提供了千载难逢的机遇。正是在这样的背景下，内蒙古地区能源工业得到较快的发展，同时拉动了内蒙古地区经济连续 9 年的快速增长，但是我们不难看出，内蒙古地区能源经济的发展基本上是以煤炭、石油等不可再生的石化能源的开发利用为主，煤炭在内蒙古地区能源生产和消费结构中长期居于 90％以上，其他比较清洁的能源发展相对较慢。这种长期以煤炭为主的能源结构，虽然造就了“内蒙古地区现象”的经济神话，但由此带来的问题及其负面效应也日益凸显出来。

6.4　内蒙古地区能源经济发展方式存在的问题及其负面效应

内蒙古地区能源储量丰富，特别是随着我国工业化步伐的加快，良好的市场机遇和国内外对能源需求的高涨，使内蒙古地区的能源优势得到充分发挥。同时，能源产业也成为拉动内蒙古地区经济持续快速增长的支柱产业。但是，内蒙古地区能源产业的发展是以传统石化能源的开发利用为主导，而传统石化能源的有限性、不可再生性以及在其开发利用过程中的负外部性影响无疑违背了能源经济可持续发展的要求，也就是说，多年来内蒙古地区能源经济的快速发展是以不可持续的方式取得的。

6.4.1　内蒙古地区能源经济发展方式存在的问题

内蒙古自治区作为我国的能源大省，虽然拥有丰富的能源储量，但是长期以石化能源开发利用为主的传统能源经济发展方式，严重制约了我区能源经济的持续发展。当前，随着我区工业化进程的加快，能源经济发展方式存在的问题日益凸显。如:能源结构不合理、利用效率低下、新能源比例偏低等问题。具体分析如下。

1. 能源结构不合理,煤炭在能源生产和消费中所占比重过高

长期以来,我国的能源结构以煤炭为主。特别是作为产煤大省的内蒙古地区,原煤占能源生产和消费的比重长期保持在90%以上,相对清洁的石油、天然气、水电等能源占能源生产和消费总量的比重都低于全国平均水平。2008年能源生产总量为33 440.86万吨标准煤,其中原煤占能源生产总量的比重为94.52%,原油占0.75%、天然气占4.00%、水电占0.01%;2008年能源消费总量为16 268.22万吨标准煤,其中原煤占能源消费总量的90.21%,原油占1.66%、天然气占2.50%、水电占0.01%。煤炭生产和消费占能源生产和消费总量的比重比世界能源结构高出1倍以上,比我国的煤炭占能源生产和消费总量的比重也高出20多个百分点。在目前科学技术落后状态下,这种以煤炭为主的能源生产和消费方式导致的结果就是生态环境的严重破坏、不可再生资源存量的日趋减少、运输压力增大以及碳排放升高所导致的全球气候变暖等一系列问题。

2. 煤炭资源开发的利益分配不均衡

近几年,内蒙古地区通过资源整合、兼并重组、淘汰落后产能等措施,将大多数小煤矿、小煤窑清退出了市场,煤矿数量由2 000年的2000多处减少到2009年的501处。由于矿产资源在国民经济和社会发展中的特殊地位和重要作用,我国明确规定矿产资源属于国家所有。目前,由央企担当了采煤业大多数的主力,在内蒙古地区的能源投资中获取了巨额利润,而留给地方政府的仅仅是GDP数字的增长和生存环境的破坏,人们收入水平却没有得到同步的提升。目前央企和地方煤矿相比,同样采1吨煤留给县级地方财政的实际可支配收入相差8～9倍,再加上大型机械化作业也不利于扩大就业。而且,还有可能挤压地方其他产业的发展。与此同时,矿区占地的利益补偿机制也不合理,按照现在的补偿政策失地农牧民只能拿到一次性补偿费,群众没有得到煤炭资源增加值所带来相对称的收益,没有从根本上解决人们未来生活保障问题。更有甚者因作为矿产资源所有者的国家或政府的所有权行为能力有限,一些地方政府往往根据地方生产总值和税收的增长以及政绩工程的需要,以低于市场供求的价格出让资源。这种炒卖资源的行为不仅滋生腐败,更重要的是严重地扰乱了正常的煤炭资源开发秩序,也使资源利益分配严重不均,影响了社会的和谐发展。

3. 对传统石化能源开发利用效率低，单位 GDP 能耗较高

当前，我区的能源开采、运输、加工转化以及利用效率还很低。在资源的开采过程中，受资金、技术、设备和人才等方面的约束，矿产资源仍使用传统的粗放式开采方式，资源浪费现象严重。内蒙古地区煤炭资源开发的回采率仅为 45%，比国家规定的 65%的水平低 20 个百分点。而且，内蒙古自治区的煤炭消费有很大一部分是用于火力发电，2007 年区煤炭消费总量 18 531.50 万吨，用于火力发电的为 10 482.82 万吨，占总消费量的 56.57%；从能源利用效率来看，目前我国的能源综合利用总效率仅为 33%，比发达国家低 10 个百分点，单位的能耗几乎是世界平均水平的两倍多，而我区的能源利用效率还低于全国的平均水平。据测算，我国能源利用效率若能达到世界先进水平，每年可减少二氧化硫排放 400 万吨；固体排泄物综合利用率若能提高 1 个百分点，每年可减少 1 000 万吨排泄物；粉煤灰综合利用率若能提高 20 个百分点，每年可减少排放 4 000 万吨。从能源耗费强度来看，我区万元 GDP 能耗为 2.01 吨标煤，大约是全国平均能耗水平的两倍。近几年，我国单位 GDP 能耗不断降低。2009 年全国单位 GDP 能耗为 1.077 吨标准煤/万元，较去年降低 3.61%。同样，内蒙古地区 2009 年单位 GDP 能耗为 2.009 吨标准煤/万元，比 2008 年的 2.519 吨标准煤/万元降低 6.91%，仍然是全国 1.077 吨标准煤/万元的两倍，排在宁夏、青海、山西、贵州之后，位于全国各省市第 5 位，远远高出全国能耗最低的北京市 0.606 吨标准煤/万元的 3.32 倍。可见，内蒙古地区能源利用效率还比较低，单位 GDP 能耗还比较高，提高能源利用效率的空间还很大。

4. 对新能源的开发利用比例偏低

近几年，内蒙古地区对风能的开发初具规模，但是与传统石化能源相比，所占比重仍然很低。2008 年，内蒙古地区风电累计完成发电量 24.96 亿千瓦时，同比增长172.9%，但 2007 年火电平均发电量是 149.25 亿千瓦时。可见内蒙古地区风电产业与传统火电产业相比，发展仍处于起步阶段。而且由于上网电价比较高，出现风电机闲置的现象。以内蒙古地区卓资县为例，2008 年该县风电总负荷发电 4 万千瓦时，由于电网送出系统的能力太差，电厂发出的电在当地消化不完，也无法外送，只有 2/3 的风电能够上网。按中国在全球气候谈判中做出的承诺，2020 年非化石能源消费量占比要达到 15%，其中风电是重要部分。内蒙古地区作为我国风能资源最丰富的省区之一，而且有广阔的草场，适宜建设大型风电场，也为内蒙

古地区开发利用风能提供了有利的条件。可是，内蒙古地区风电开发还没进入规模化阶段，政策措施的不配套，也阻碍了风电产业的迅速发展。

内蒙古地区太阳能资源仅次于西藏，且用于太阳能发电设备的优质硅矿资源也十分丰富，已发现矿产地40余处，大部分矿床硅矿石品位达到97%以上。但是，内蒙古地区相关的太阳能产业才刚刚开始发展，其发展速度和发展规模与其得天独厚的资源条件是很不相称的。

长期以来，内蒙古地区属于传统的农牧业大省，生物质资源极为丰富，其中包括农作物和农业有机剩余物、油料植物、林木和森林工业剩余物、农副产品的有机废物和废水、动物排泄物和城市污水及垃圾等，还有水生植物、藻类和能进行光合作用的微生物等，都是可以开发利用的生物质能资源。但是，相对于丰富的煤炭资源，开发利用的却不多。比如通辽市作为全国的产粮大市，大部分秸秆还没有得到很好利用，除一小部分被农户作为柴草利用，大部分秸秆都被扔在地里直接焚烧，不仅污染了环境，而且浪费了比较清洁的生物质资源。

6.4.2 内蒙古地区传统能源经济发展方式的负面效应

根据上文可知，能源不仅具有经济价值还具有生态环境价值。由于传统能源的不可再生属性以及碳排放较高的特点，导致发展传统能源产业的经济、生态和环境代价比较高。可是，一直以来内蒙古地区的能源供给和消费恰恰是以传统石化能源为主，由此产生的负面效应也非常明显。

1. 内蒙古地区传统的能源经济发展方式有悖“低碳经济”原则

内蒙古地区的能源结构是以煤炭、石油和天然气等石化能源为主，特别是煤炭在内蒙古地区能源生产和消费结构中占主导地位。而在煤炭、石油、天然气等石化能源中，煤的含碳量最高，每吨标煤含碳量是0.68吨，排放2.5吨二氧化碳；一吨标煤热量的石油含碳量大概是0.5～0.6吨，排放约1.9吨二氧化碳；而一吨标煤热量的天然气只排放1.4吨二氧化碳。[①] 内蒙古地区作为煤炭生产和调运大省，每年平均以接近25%的速度递增，在煤炭的开发过程中产生的煤泥、粉煤灰对大气

① 潘家华，怎样发展中国的低碳经济，中国市场2010年11期。

的污染以及我区 85%以上是以煤炭为主的火力发电，在煤炭燃烧过程中还要排放二氧化碳和二氧化硫等温室气体。根据我国政府 2009 年作出的减排承诺，到 2020 年单位国内生产总值二氧化碳排放比 2005 年下降 40%～45%，目前这种以石化能源为主的能源经济发展方式不改变，这一减排目标恐怕难以实现。可见，促进内蒙古地区能源发展方式转变对降低温室气体排放的意义也十分重大。

2. 长期过度依赖煤炭资源必然会面临着“资源诅咒”

“资源诅咒”是西方学者提出的关于资源丰腴程度与经济发展负相关的一个经济学命题。即在自然资源丰富的国家或地区，由于资源更容易积聚财富的特点，国家在经济发展政策基本上围绕着开发和利用资源来制定，因此，往往会忽视人力资本积累以及技术创新和制度创新，而后者在推动经济增长的过程中作用更加明显。随着自然资源的枯竭，早晚会出现经济衰退现象。近些年来，内蒙古地区的煤炭产量逐年快速增加，平均年增长率接近 25%。在 2008 年国际金融危机的影响下，尽管能源需求相对放缓，内蒙古地区的煤炭产量仍然比上年增长 22.8%。2009 年更是超过产煤大省山西，产量达到 6.37 亿吨，比上年增长 37%。煤炭产量的不断增加固然为内蒙古地区经济的快速增长以及国家的能源供应安全提供了强有力的能源保障，但是，这种超强度开采的代价既造成了严重的环境污染，也加快了资源耗竭的速度，极大地威胁煤炭资源的可持续利用，长期下去必然会使内蒙古地区经济发展面临着“资源诅咒”的威胁。

3. 过度发展能源产业使内蒙古地区的生态环境日益恶化

由于特殊的地理位置和自然条件，内蒙古地区生态环境系统整体上比较脆弱。随着能源工业的发展，污染物排放不断增加，内蒙古地区的生态环境承受着巨大的压力。

第一，露天开矿对草原生态环境的破坏。内蒙古地区能源开发区生态环境原本就十分脆弱，露天开采对草原破坏非常严重。位于内蒙古地区呼伦贝尔草原腹地的伊敏河露天煤矿是我国目前正在开发的大型露天煤矿之一。据有关专家介绍，仅规划开采的一、二露天矿占地 4.95 万亩，每年鲜草产量减少近万吨。如按矿区总体规划，占用草场约 20 万亩，牧草将减产 4 万吨。据调查，一露天采掘坑附近亩产鲜草由约 100 千克减至约 80 千克。此外，草场土地征用后，原来放牧的牲畜将转移到周围草场，加重周围草场载畜负荷量，加剧草场退化。

第二，污染物排放对环境构成危害。煤炭生产和加工过程中产生的煤泥、劣质煤未能有效利用，每年产生的煤矸石、粉煤灰不断增加。大量的二氧化硫、氮氧化物和可挥发的氮氢化合物造成了区域性的环境酸化。由于环境污染具有灾害放大性的特点，小的或不引人注目的环境污染，经过环境的作用以后，其危害性或灾害性无论在深度还是在广度两方面都会明显扩大。由于矿区和局部地区环境污染和生态破坏严重，其恶化趋势尚未得到有效控制反而不断扩大，不仅影响了其地区产业的发展，甚至危及城乡居民的生存。

第三，过度发展煤电会消耗大量的水资源。我区的煤炭富集地区均分布在干旱、半干旱的西部地区，其特点就是降雨量少、蒸发量大、降水分布不均和年际变化较大等特点。一般降水量在 250 毫米以下，如作为“煤炭之都”的鄂尔多斯年降水量为 150～350 毫米，年蒸发量为 2 200～3 000 毫米。而发展煤电产业恰恰需要大量的水资源，按照国家规定的百万千瓦火力发电厂需水标准为 1.0～1.2 立方米/秒，内蒙古地区作为在电力上以发展煤电为主的省区，不可避免地造成水资源环境更加恶化。可见，过度发展煤电会进一步加剧内蒙古地区水资源供需之间的矛盾。

4. 不合理的能源结构制约着经济发展方式的转变

内蒙古地区是以煤炭为主导的能源结构，导致了内蒙古地区长期的经济增长方式是以高投入、高排放、高污染的粗放型经济增长为特征。转变经济发展方式的实质就是要解决经济增长过程中资源消耗快、利用效率低、资源环境“瓶颈”约束日益加重等问题。可见，转变经济发展方式与能源的优化配置、高效利用有着内在联系，要想转变内蒙古地区经济发展方式应首先转变内蒙古地区能源发展方式。

6.5 内蒙古地区能源经济发展方式转变的基本原则与路径选择

随着我国工业化步伐的加快，内蒙古地区的产业结构也在不断调整。在内蒙古地区生产总值构成中，第一、二、三产业构成比例由 2002 年的 21.5∶42.1∶36.4 调整为 2009 年的 9.6∶52.4∶38，很明显内蒙古地区正处在快速工业化发展阶段。国际经验表明，随着工业化和城镇化建设步伐的加快，能源的需求量会继续增加，同时能源消耗强度也会不断增强。因此，如何在保证能源供给的前提下，促进内蒙古地区能源发展方式转变是内蒙古地区在今后经济发展过程中必须要认真考虑和解决的重大问题。由此可见，只有把握好内蒙古地区能源经济发展方式转变的基本原则，才能更好地选择能源经济发展路径，进而促进内蒙古地区能源可持续发展。

6.5.1　内蒙古地区能源经济发展方式转变的基本原则

能源经济是内蒙古自治区五大支柱产业之一，对内蒙古地区经济腾飞起着重要的支撑作用。为了促使内蒙古地区能源经济发展方式由传统粗放型的不可持续发展方式向集约型的可持续的发展方式转变，本章认为应该坚持以下四项原则。

1.“低碳经济”原则

传统的常规能源特别是煤炭具有碳排放高、污染重的特点。据报道：目前全球85%的二氧化碳排放量是由燃烧煤炭所致。内蒙古地区的能源消耗恰恰是以煤炭资源消耗为主的省区，伴随着能源经济加快发展，内蒙古自治区在成为我国能源储备基地的同时也成为碳排放大省，对人类生存环境和气候变暖构成巨大的威胁。众所周知，发展能源产业不能以牺牲生态环境为代价，所以内蒙古地区能源经济发展方式转变首先应该坚持“低碳经济”原则。所谓低碳经济是指：在可持续发展理念指导下，通过技术创新、制度创新、产业转型、新能源开发等多种手段，尽可能地减少煤炭、石油和天然气等高碳能源消耗，减少温室气体排放，达到经济社会发展与生态环境保护双赢的一种经济发展形态。内蒙古地区作为碳排放大省，在完成国家 2020 年单位 GDP 碳排放降低 40%～45%的目标过程中承担着重大责任。因此，一方面要积极承担环境保护责任，完成国家节能降耗指标的要求；另一方面也要调整能源结构，提高能源利用效率，发展新能源产业。

2.“循环经济”原则

谋求经济发展、能源消耗和环境保护之间的平衡发展是区域能源可持续发展的核心问题。循环经济模式是一种典型的能源可持续发展模式，它要求以“减量化(Reduce)、再利用(reuse)、再循环(Recycle)”为原则，运用生态学规律把经济活动组织成一个“资源—产品—再生资源—再生产品”的循环过程，提高资源配置效率，最大限度地实现低开采、高利用、低排放，目的是创造较好的经济效益和环境效益。近几年，内蒙古地区能源经济的发展多数采用的是“资源—产品—废弃物”的线性模式，造成大量资源的浪费和生态环境的严重污染。因此，坚持“循环经济”原则，走可持续的能源经济发展道路，以有效利用能源和保护环境为基础，突破传统“高投入、高消耗、低效率、低产出”的发展模式，注重能源的综合利用，追求生态环境承载能力下的经济持续增长。这不仅是内蒙古地区能源经济发展方式转变的路径之一，也为其他资源型城市循环经济的发展提供借鉴意义。

3.“生态保护”原则

随着经济的飞速发展，尤其是工业化和城市化进程的加快，生态环境的污染问题也越来越严重，再加上内蒙古地区对环境污染的治理一直采取发达国家的“末端治理模式”，导致人类在享受经济发展成果的同时，也付出了巨大的环境成本，并且不利于建立“资源节约型和环境友好型社会”目标的实现。因此，内蒙古地区能源经济发展方式转变遵循“生态保护”原则，在促进能源经济快速发展的同时，从生产、建设、流通、消费等领域，通过采取法律、经济和行政等综合性措施，最大限度地减轻经济发展带来的环境压力。正确处理人与自然之间的关系，促使经济、社会和环境的和谐发展。

4.“技术创新”原则

区域经济的快速发展使常规能源不断消耗，能源可用储量越来越少，而技术创新却带来了新能源的开发和利用。从这个意义上说，常规能源的不断减少不会必然导致能源的不可持续发展，技术创新会引导人类更好地利用自然，提供更多、更好的有利条件。技术创新和能源可持续发展虽然属于两个不同的范畴，但是在经济发展过程中两者是密切联系在一起的。技术创新是蕴藏在社会上的生产力，是推动能源可持续发展重要的物质基础，没有持续的技术创新，人类就难以实现新能源的开发利用、传统能源的清洁生产、自然资源的合理开发和循环利用。因此，只有坚持“技术创新”原则，促进内蒙古地区能源经济发展方式转变，才能保证我区能源经济的持续发展。

6.5.2 内蒙古地区能源经济发展方式转变的路径选择

促进内蒙古地区能源经济发展方式转变的路径选择是：以科学发展观为指导，以建设资源节约型和环境友好型社会为目标。调整内蒙古地区能源结构；加快煤炭资源就地转化步伐，延长煤炭产业链条；提高能源利用效率，统筹发展传统能源与可再生能源，积极发展循环经济，努力实现能源工业的持续快速发展；以科技进步和创新为动力，注重劳动者素质的提高，积极使传统能源产业优化升级，同时积极培育和发展清洁新能源产业。具体来说包括以下几个方面。

1. 调整内蒙古地区能源生产和消费结构

能源结构的优化有助于提高能源利用效率，对能源需求总量影响很大。有研究表明，我国天然气的平均利用效率比煤炭高30%，石油的利用效率比煤炭高23%，能源消费结构中煤炭的比重每下降1个百分点，相应的能源需求总量可降低2 000万吨标准煤。目前，在世界能源消费结构中，天然气消费占到能源消费总量的24.1%，我国天然气所占比例为4%，而内蒙古地区天然气消费总量仅占能源消费总量的2.51%，这与内蒙古地区丰富的天然气储量严重失衡。内蒙古地区应该抓住"十二五"能源转型的重要机遇，调整内蒙古地区能源生产和消费结构，提高石油、天然气等相对清洁的石化能源在能源结构中的比重，改变内蒙古地区"一煤独大"的能源结构。

2. 采取循环经济模式开发利用石化能源

发展循环经济是内蒙古地区石化能源企业的最佳选择。循环经济是指在社会生产、流通、消费和产生废物的各个环节循环利用能源，发展资源回收利用产业，以提高资源的利用率。这是一种有别于传统经济的"高开发→低利用→高排放"特征的新的经济形态，它强调构筑"工业食物链"，通过对废弃物进行回收利用、无害化再生产的方式，达到资源的永续利用，促进社会经济的可持续发展，表现出"低开发→高利用→低排放"的特征。以循环经济模式开发利用石化能源对内蒙古地区来说意义重大。

第一，石化能源采取循环经济发展模式既可以实现内蒙古地区将能源优势转化为经济优势，又可以规避生态环境恶化的风险。内蒙古地区不仅是能源资源富集区，同时也是我国“三北”地区生态屏障的重要组成部分。目前，我区经济社会发展正处于工业化初期向中期快速推进的关键阶段，GDP 年均增长率虽然达到两位数，但是这种经济的高速增长，实际上是靠“三高”（即高投入、高能耗、高污染）和“两低”（即低质量、低效益）换来的。要想发挥后发优势，实现跨越式发展，就必须加快经济发展速度，但经济的快速发展必然需要资源的开发，尤其是对内蒙古地区这样一个以资源开发利用为主的地区更是如此。采取循环经济模式不仅可以节约利用资源，而且可以减少环境污染，进而增强内蒙古地区能源经济可持续发展能力。

第二，发展循环经济有利于提高煤炭资源的综合利用效率。循环经济是以资源高效利用和循环利用为核心，以“减量化、再生产、资源化”为原则，是对传统“大量生产、大量浪费、大量废弃”的根本变革。例如，内蒙古地区阿拉善乌斯太经济技术开发区基于良好的资源优势和区位优势，按照“减量化、再利用、资源化”的原则，以发展循环经济为核心，形成以庆华集团为龙头的煤化工循环经济工业园。庆华集团以“传统能源循环利用和绿色发展”为核心价值，主要发展清洁生产和建立废弃物循环利用产业链。300 万吨洁净煤加工采用重介洗煤工艺，回收率高，环境污染小，其产品供煤化项目作为原料。洗煤过程中产生的煤泥、矸石作为锅炉燃料使用，锅炉产生的粉煤灰和灰渣作为制砖的原料；300 万吨煤化项目技术先进的 4.3 米侧装煤捣固焦炉生产优质冶金焦，同时回收焦炉煤气生产煤焦油、粗笨、硫胺、硫黄等；煤化项目在生产过程中将产生大量富余煤气，庆华集团采用“焦炉煤气合成甲醇”工艺建设 30 万吨焦炉煤气合成甲醇项目。庆华集团年产 20 万吨甲醇、300 万吨重介洗煤、75 吨循环硫化锅炉项目采用先进技术，每年可分别节约能耗45.67 万吨、30 万吨和 16.56 万吨标准煤，取得了良好的经济效益、生态效益和社会效益。当然，以煤炭为核心发展循环经济还需要有足够的资金和技术支持，要有一定的生产规模，这样才能产生规模效益，使其健康发展。

3.延长产业链条，提高煤炭附加值

内蒙古地区自然资源禀赋虽然比较好，但是长期采用传统粗放式发展，势必会使能源经济发展由“后发优势”转变成“后发劣势”。自 2002 年以来，内蒙古地区步入了经济快速发展阶段，GDP 增长连续 9 年达到了两位数，但是却并没有带来社会的同步发展，究其原因就是我区的能源经济发展方式还停留对资源的简单粗放

利用阶段，产值数字很高，但真正取得的附加值都很低。因此，采取延长产业链条，就地转化，提高附加值，不仅仅局限于原料和燃料等初级产品的粗放利用。据有关部门测算："把煤炭转化为电力，产值可以增加 8 倍，而把煤炭转化为化工产品，产值则可增加 20 倍。"近几年，鄂尔多斯在这一方面做得比较好，值得其他地区借鉴。在鄂尔多斯市棋盘井工业园区投资组建的内蒙古地区鄂尔多斯电力冶金集团，按照"高起点、高科技、高效益、高产业链、高附加值、高节能环保"的新型工业化要求和"低开采、高利用、低排放"的循环经济模式进行规划，其中包括利用棋盘井及周边地区丰富的煤炭、硅石资源实施电力、煤炭、硅合金系列产品联产和天然气、煤化工项目，使用苏里格气田的天然气，年产 240 万吨尿素、10 万吨三聚氰胺、100 万吨聚氯乙烯、55 万吨甲醇、100 万吨烧碱、60 万吨石灰石、270 万吨焦炭及其他天然气化工、煤化工、精细化工产品。鄂尔多斯电力冶金集团已经形成的产业生产的产品主要是原煤、电石、硅铁、焦炭和电，形成"煤—电力—冶金""煤—焦炉煤气—煤化工"和"煤—电—热"以及"煤—电—蒸汽—联合化工"四条深加工、高附加值的主要产业链。产业链条的延伸，不仅提高资源的利用率，形成废弃物资源化的多次利用，大大提高产品的附加值，而且消化掉自己在生产过程中产生的废弃物及其他公司的部分废弃物。不仅给企业创造了巨大的经济价值，也为该地区带来了生态效益和经济效益。

目前，内蒙古地区全区已经建立了 100 多个工业园区。但是，多数园区仅仅是一般的资源型开采与初加工，产业链条没有向深度发展，更没有带动相关产业的发展。产业分工层次低，产品附加值低，产业集群特有的聚集效应还没有显现出来。今后应该大力推进信息化与工业化融合，积极采用高新技术和先进适用的技术对传统产业进行改造；充分利用淘汰落后产能形成的倒逼机制，引导、推动、强制企业淘汰落后工艺和设备，推动落后产能退出和企业转型升级，走内涵式发展道路；对煤炭产业要通过各种途径，拉长产业链，拓展产业发展空间，提高产业集中度；对煤转油、煤转气、煤制乙二醇项目给予支持，这样不仅解决了我区大量的资本外流，同时也使煤炭向清洁化方向转变。

4. 积极发展优势清洁能源产业

新能源是以新技术为基础，正在研究之中以便系统开发、推广、应用的一次能源，如太阳能、风能、生物质能、氢能、地热能、海水温差能等称为新能源。就内蒙古地区实际情况而言，因特殊的区位优势和气候优势，使其具有丰富的风能、太阳能资源。风能和太阳能资源具有无污染、可再生、取之不尽用之不竭的特点。据资料表明;“风力发电每生产100万千瓦时的电量,便能减少排放600吨的二氧化碳。”①由此说明,大力发展风能产业可以大幅度削减造成温室效应的二氧化碳的排放量,缓解气候变暖。据估算:“地球上的风能资源是水能资源的10倍,每年高达53万亿千瓦时,仅1%的地面风力就能满足全世界对能源的需求,目前已被开发的只是小部分。”因此,推进清洁能源产业发展至关重要。

第一,推进风电产业快速发展。内蒙古地区风能分布广、稳定性好,是我国陆上风能资源最丰富的地区之一。据电力部门的测算显示:“内蒙古地区的风能可开发量超过1.5亿千瓦,约占全国陆上风能可开发总量的50%以上,作为一种无污染的可再生能源有着巨大的发展潜力。”风电资源具有蕴藏量大、可再生、无污染、不淹地、占地少、建设周期短、投资灵活、自动控制水平高、运行管理人员少等优点。早在20世纪70年代初,广大农牧民群众就开始尝试利用这里的风能资源。80年代微小型风力发电机的研制、推广和应用,初步解决了偏远农牧区的家庭生活用电。② 进入21世纪,随着新能源产业的兴起,内蒙古地区风电事业进入飞速发展时期。特别是为完成2020年非化石能源消费比重提高到15%的目标,要加速培育推进风电产业发展。这也是内蒙古地区能源经济发展由长期依赖石化能源为主向能源多元化方向转变的很好路径。2010年能源发展规划指出:我国将在2020年实现风力发电装机容量为1.5亿千瓦。资料显示:“截至2009年年末,我国风力发电并网装机容量为1 613万千瓦,仅占全国电力总装机容量的1.8%。”由此可知,内蒙古地区作为风能资源丰富地区,应充分利用新能源发展的优惠政策,加速风电产业化发展,提升风力发电企业和制造企业竞争力,促进风电产业的健康发展。

第二,加快太阳能开发利用。内蒙古地区的太阳能资源同样十分丰富。总辐射量在每平方米4 800兆~6 400兆焦耳,年日照时数为2 600~3 200小时。其中巴彦淖尔及阿拉善盟系全国高值区,太阳能总辐射量高达每平方米6 490兆~6 992兆焦耳,仅次于青藏高原,处于我国的第二位。太阳能光伏发电是太阳能利用的主要环节,发电过程中不会生成任何污染或者废弃物。并且作为发展太阳能光伏产业基础材料的多晶硅,在内蒙古地区也有比较丰富的优质硅矿资源,已发现矿产地40余处,大部分矿床硅矿石品位达到97%以上。太阳能热也是太阳能利用的主要

---

① 新华网,经济参考报,2004-06-01。

② 李全柱,等.浅析内蒙古地区风能资源的优势及其开发利用,北方经济,2008年10期。

方式，2006 年，全国人大环境资源委委员王维城说："太阳能的潜力巨大，每平方米太阳能热水器，每年可以节省 120 公斤标煤。"按照发改委的规划，到 2020 年，我国将有 3 亿平方米的热水器。就内蒙古自治区而言，虽然我区太阳能丰富，但我区的太阳能产业却寥寥无几。所以应加快太阳能开发和利用。这不仅可以改变多年来内蒙古地区以煤炭为主的能源结构，还可以减少温室气体排放和环境污染。

第三，大力发展生物质能源。内蒙古地区作为传统的农牧业大省，生物质资源种类多、覆盖面积大。在欧美等发达国家，年利用生物质能发电约达 5 000 万千瓦装机容量，是仅次于水力的第二大再生能源工程。近几年，内蒙古地区在生物质能源的应用方面已经初见成效，已建成生物发电项目 8 个，分布在赤峰、通辽、巴彦淖尔、鄂尔多斯、兴安盟等地，可见，如果抓住发展新能源产业的大好机遇，内蒙古地区生物质作为新型产业将给本地区带来良好的生态效益和经济效益。首先，依托内蒙古地区本土现有的生物质资源，包括秸秆、油菜籽、大豆、蓖麻、文冠果、甜高粱、森林采伐剩余物、灌木林、牲畜粪便资源、谷壳、树枝、油草、油灌木、叶梅、油葵、曼陀罗、食品废弃物、水产品残渣等非粮含油植物和水生物质作为原料，用此生产乙二醇和生物柴油。同时，借鉴山西使用垃圾和秸秆混燃的焚烧发电技术的成熟方法，充分利用我区的秸秆和垃圾资源。据估算；"每 2 吨玉米秸秆的热值就相当于 1 吨标煤，与煤相比，秸秆还具有含硫量低的优点，每 5 吨生活垃圾经过科学焚烧后产生的热能相当于 1 吨标煤。"如果我国生活垃圾都能够被焚烧利用，每年将可节约 3 600 万吨煤，可以减少约 9 400 万吨二氧化碳的排放。可见，内蒙古地区应该抓住国家鼓励新能源和环保产业发展的有利时机采取积极措施，在发展传统能源的同时大力发展生物质能源。

在全国乃至全球发展低碳经济的大势所趋下，大力发展风能、太阳能和生物质能成为传统能源发展方式转变的主要路径。内蒙古地区作为具有特殊优势的资源地区，有丰富的风能、太阳能和生物质能资源，优先发展新能源产业，不断优化能源结构，转变传统能源经济发展方式，在全国率先实现能源经济可持续发展是完全有可能的。目前，要以瞄准国际先进水平、占领产业发展制高点的胆识和气魄，集中资源，全力支持，重点培育，合力攻关，率先在关键技术、关键领域取得突破，力争使我区成为全国的新能源生产基地。

6.6 促进内蒙古地区能源发展方式转变的政策取向

能源资源的开发、转换、利用过程中存在着外部性，这就决定了能源资源的开发利用不能仅仅依靠市场机制这只“看不见”的手来调节，更需要政府这只“看得见”的手来进行强有力的调控。转变内蒙古地区能源经济发展方式，应充分利用市场机制配置资源，加快新能源的开发和利用。自治区政府和市地方各级政府应该在产业政策、技术创新和配套措施等方面对新能源产业给予大力支持。

6.6.1 加快制定内蒙古地区新能源发展规划

目前，内蒙古地区已经具备了发展风能、太阳能和生物质能等清洁能源的优越条件，并处于国内外能源产业发展的重要战略机遇期。我区应该加快制定能源发展规划，转变以石化能源为主要支撑的传统经济增长方式，积极发展风能、太阳能和生物质能等新能源产业。从注重能源节约、环境友好方面，通过技术创新，优化产业结构，使能源的生产和供应不仅量大，更注重质优。建议制定新能源产业发展规划。目前，我国非石化能源占能源总量的比值为 9%，而内蒙古地区的这个比值较小。根据我国未来新能源发展的目标：到 2020 年光伏装机达到 2 000 万千瓦，风电装机从以前规划的 3 000 万千瓦提高到 1.5 亿千瓦。我区应该根据实际情况，制定新能源发展阶段性目标，促进新能源的发展。

6.6.2 实施有利于新能源发展的产业政策

近几年来，内蒙古地区新能源发展已初见规模。我区风能资源可开发量占全国的一半，在国家和自治区优惠政策的支持和引导下，到 2009 年，内蒙古地区全区并网风电装机容量已连续 6 年以超过 100%的速度增长，并建成 5 个百万千瓦风电基地，风电并网装机容量占到全国的约三分之一。但是由于政策上的不配套，导致外送通道不畅，当地电网接纳风电能力接近饱和，一些风电企业不得不进行“弃风停机”。这就需要合理制定新能源产业标准，引导和规范产业发展，明确规定风电并网标准，避免因为成本高、外送通道不畅而导致的能源浪费。

6.6.3 建立能源产业的技术创新体系

尽管我们在某些能源技术上已有一定的基础，但是在一些关键的高端技术、设备的自主研发能力方面非常薄弱。为了鼓励企业进行技术创新，内蒙古地区当地政府应该制定相应的保护政策和税收方面的优惠政策，对提高能源利用率的技术、开发利用新能源技术以及清洁生产技术等加以保护和激励。在企业内部制定生态技术创新的奖励制度，鼓励企业把生态化贯穿到企业技术创新的每一个环节，同时应该把综合效益作为评价技术创新是否成功的价值标准，注重人力资源能力建设。通过加强内部员工在节能、清洁生产和环境保护等方面的培训，来增强员工的创新能力。在技术创新方面，重点关注主要能耗领域的节能技术，提高能源利用效率，发展先进的可再生技术，扩大风能、太阳能、生物质能等新能源的规模化利用。

6.6.4 采取有利于能源经济发展方式转变的激励性措施

风电、光伏发电以及生物质发电产业由于起步晚、技术不成熟，导致并网发电成本与传统火电相比较高，使电网企业没有盈利空间，阻碍了风电、光伏发电产业的发展。因而，必须建立能源发展方式转变的激励性机制。一是通过税收、价格、信贷以及财政补贴等政策手段对电网企业进行扶持；二是通过实行可再生能源配额，强制规定电网企业在其购买的电量中有一定比例的可再生能源电量。对以煤炭为主的火电企业，按比例发展清洁能源；三是对煤炭企业征收资源环境税，来均衡火电和新能源发电的差价。四是通过对新能源发电实行政府定价和政府指导价两种方式，提高电网企业接受风电和光伏发电的积极性，将新能源发展所带来的成本增加及时加以疏导，使其不挤占电网企业的利润空间。

6.6.5 完善能源经济发展方式转变的体制机制

内蒙古地区能源经济发展方式能否实现实质性转变，关键取决于市场主体是否有正确的行为，而市场主体的行为受制于其身居其中的制度环境。加快完善能源市场价格机制，使资源、资本和劳动力等要素以市场供需关系决定价格。通过体制性规制使资源开发企业的社会成本内部化，消除其由于“不完全成本”而导致的企业竞争力虚高，技术创新压力和环境保护意识减弱的现象。此外，通过社会保障和公共服务制度，使那些由于资源开发和原材料粗加工受污染的群众得到应有的补偿，消除制约内蒙古地区能源经济发展方式转变的体制机制性障碍。按照科学发展观的要求，以人为本，统筹兼顾，使内蒙古地区能源经济又好又快发展。

内蒙古地区不仅拥有丰富的煤炭、石油、天然气等石化能源，而且还具有丰富的风能、太阳能和生物质能资源。内蒙古地区作为国家重要的能源基地对于本地经济以及国家的能源供应安全起着重要的支撑作用。因此，内蒙古地区能源经济发展方式科学与否对于转变内蒙古地区经济增长方式以及国家能源供应安全意义重大。本文通过全面分析内蒙古地区能源经济发展方式现状以及存在的问题，本着“低碳原则”“循环经济原则”“生态保护原则”“技术创新原则”提出内蒙古地区能源经济发展方式转变的路径选择，即以科学发展观为指导，以建立资源节约和环境友好型社会为目标，逐步改善内蒙古地区能源产业以传统石化能源为主的能源结构，通过技术创新、制度创新以及人力资源的储备，发展新能源以及洁净煤技术，特别是独具优势的风能、太阳能和生物质能源。并且在政策层面通过财政、税收以及其他激励性措施使能源经济发展方式转变成为内蒙古地区经济发展方式转变的突破口，促进内蒙古地区经济、社会和环境和谐发展。

参 考 文 献

[1] 张国宝.中国能源发展报告:2009.北京：经济科学出版社,2009.

[2] 中国国家发展和改革委员会.国际可再生能源现状与展望.北京:中国环境科学出版社,2007.

[3] 林伯强,何晓萍.初级能源经济学.清华大学出版社,2014.

[4] 李慷.能源贫困综合评估方法及其应用研究.北京:北京理工大学,2014.

[5] 苏丽.可持续发展视阈下的代际问题研究.南昌:江西师范大学,2009.

[6] 陈凯.清洁能源发展研究.上海:上海财经大学出版社,2009.

[7] 胡德宝.政府管制绩效研究:以中国电力产业为例.北京:光明日报出版社, 2013.

[8] 冯之浚.中国可再生和能源产业化高端论坛.北京:中国经济出版社,2007.

[9] 史丹,朱彤.能源经济学理论与政策研究评述.北京:经济管理出版社,2013.

[10] 林伯强,牟敦果.高级能源经济学.2 版.北京:清华大学出版社,2009.

[11] 朱志刚.加快迈向新能源时代.北京:中国环境科学出版社,2008.

[12] 王革华.能源与可持续发展.北京:化学工业出版社,2004.

[13] 范必.中国能源政策研究.北京:中国言实出版社,2013.

[14] 王俊豪.政府管制经济学导论.北京:商务印书馆,2001.

后　记

多年来，一直想出版一本书，作为自己研究这个专业的答卷，也作为错失继续深造机会而深感遗憾的心灵慰藉。同时，也借此契机激发自己不断学习此领域知识的动力。2011年，我结束了三年的研究生涯，正式走向了工作岗位。三年的研究生活，我师从任军教授，老师严谨的治学作风和科研态度深深地影响着我。直到现在，最后悔的是当时没能听老师的话继续读博深造，而选择了工作和成家。现在想来，两者并没有实质上的冲突。由于没有从事本专业的教学工作，毕业以后发表相关的论文较少，但是一直在关注此领域的最新研究成果及动态，心情异常激动。经过多年的沉淀和积累，偶然的机会又得到北京邮电大学马飞编辑的鼓励，最终决定在硕士论文的基础上，搜集整理相关文献资料，出版一本属于自己的专著。在此感谢马飞编辑的指点和资源支持。在本书的编写过程中，我也参阅了大量的专著和文献资料，在此深表谢意。由于作者理论水平有限，数据调研相对匮乏，虽经努力，书中难免有不当之处，敬请批评指正。

作　者